Ephraim Kishon

Aufgetischt

Ephraim Kishon

Aufgetischt

Satirische Leckerbissen

Langen*Müller*

Ins Deutsche übertragen von
Friedrich Torberg und Ephraim Kishon

© 2013 Langen*Müller* in der
F. A. Herbig Verlagsbuchhandlung GmbH, München.
Alle Rechte vorbehalten.
Schutzumschlag: atelier-sanna.com, München
Motiv: andriigorulko-fotolia.com
Satz: Buch-Werkstatt GmbH, Bad Aibling
Gesetzt aus: 10,7/13,5 Garamond BQ
Druck und Binden: GGP Media GmbH, Pößneck
Printed in Germany
ISBN 978-3-7844-3340-0
Auch als book

www.langen-mueller-verlag.de

Inhalt

Kleine Kulturgeschichte des Essens

Aus anthropologischer Sicht ist das Essen eine der ältesten Angewohnheiten des Menschen. Ja, es lässt sich sogar nachweisen, dass es in gewissen Kreisen bereits zu Urzeiten eingeführt wurde.

Schon in den Heiligen Schriften ist auffallend häufig vom Essen die Rede, angefangen mit der berüchtigten Apfelaffäre bis hin zum Letzten Abendmahl. Moses selbst räumt diversen koscheren Reinheitsvorschriften ein ganzes Kapitel ein, das die Aufnahme allzu leckerer Speisen rigoros einschränkt. In der griechischen Mythologie finden sich eindeutige Hinweise darauf, dass Essen nach und nach zum existenziellen Bedürfnis des Menschen wurde, ungeachtet des Risikos, dass es bei fortgesetzter Anwendung zu Abhängigkeit führen kann. Tatsache ist jedenfalls, dass die griechischen Götter dem frechen Tantalos zur Strafe einen Fresskorb mit den auserlesensten Delikatessen vor die Nase hängten. Allerdings unerreichbar für ihn. Die alten Römer hingegen bekannten sich als Erste öffentlich dazu, dass dem Essen nicht nur nährende Bedeutung zukommt, sondern dass es im Rahmen wohlorganisierter Orgien durchaus echtes Vergnügen bereiten kann. Die römischen Adeligen, von ihren Mätressen wollüstig umlagert, vertilgten leidenschaftlich gern wahre Unmengen von Leckerbissen, danach empfahlen sie sich mit einem diskreten

»Pardon« aufs Klo, steckten dort eine Feder in den Hals und räumten ihren Magen für weitere Gänge des Festmahls. Dieser Vorgang kann übrigens dank unserer modernen Lebensmittelindustrie heutzutage ohne Federlesens bewerkstelligt werden.

Die Einstellung zum Essen und den damit verbundenen Folgen hat sich also im Laufe der Generationen von Grund auf gewandelt. Während der beleibte Konsul Lukullus sich dank seiner üppigen Menüs noch einen Ehrenplatz in den Annalen sichern konnte, haben unsere »Weightwatchers« die mörderische Erfindung des Kalorienzählens eingeführt und damit die digitale Waage zu einem integralen Bestandteil unserer täglichen Ess- und Trinkgewohnheiten erhoben.

Unserer bedauernswerten Generation bleibt also nur der neidische Blick auf die Bilder unserer Ahnen. Ihnen war es noch vergönnt, das goldene Zeitalter zu erleben, in dem eine wohlgewölbte Wampe als Symbol für das Wohlbefinden eines Mannes galt und die Schönheitsköniginnen ihre vollen Linien mit atemberaubenden Korsetts im Zaum hielten. Meine liebe Frau Mama ließ in meiner Jugend keine Gelegenheit aus, mich darauf hinzuweisen, dass nur wohlgerundete Pummelchen Überlebenschancen hätten, während die Magerlinge wie ich, früher oder später, zwangsläufig der Schwindsucht oder der Altersschwäche erliegen müssten.

Heute trifft bekanntlich das Gegenteil zu. Seitdem das Cholesterin es geschafft hat, den Weg ins Bewusstsein und in die Werbekampagne der Nahrungsmittelhersteller zu finden, ist das zu »Kohlenhydraten« avancierte Fett »pfui Teufel« und das Essen kein Vergnügen mehr. In der Bibel heißt es: »Die Väter haben saure Trauben gegessen, und den Kindern sind die Zähne stumpf geworden.« Heute besaufen sich die Kinder mit Wein, und die Väter sind deswegen sauer.

Nichts ist mehr, wie es war. Verkehrte Welt.

Eine allgemeine Verwirrung hat um sich gegriffen, welche die natürliche Neigung zum Essen derzeit zugrunde richtet. Sie zeigt sich nicht nur im neuen Taillendurchschnitt, der laut Statistik seit der Jahrhundertwende um 38 % zugenommen hat, sondern auch im Verhalten des fressenden Menschen gegenüber den diversen Nahrungsmitteln.

Im glücklichen präkalorischen Zeitalter wurde der gute Blumenkohl normalerweise schlicht als »Blumenkohl« bezeichnet, und damit hatte es sich. Heute steht auf der Konservendose: »Kanadischer Edelblumenkohl. Enthält Strontium, Kalzium, Magnesium, Lithium, Aluminium und Proteine ohne künstlichen Zusatz von Nitroglyzerin.« Der glückliche Besitzer der Konserve kann also aufatmen, dass sein Edelblumenkohl aus Kanada wenigstens kein Eiweiß enthält. »Proteine« und »Eiweiß« sind zwar genau dasselbe, aber das muss schließlich nicht jeder wissen. Hauptsache, der Edelblumenkohl ist »light« und weder künstliche Farbstoffe noch echte Stofffarben beeinträchtigen seinen hohen Qualitätsanspruch.

Unbetroffen sind jedoch die siegreichen »Bio-Produkte aus dynamischem Anbau«. Meistens handelt es sich dabei um besonders erlesene Gemüsesorten, aus entferntesten Gegenden importiert, in denen sich die Umweltverschmutzung glücklicherweise völlig der Kontrolle unserer Gesundheitsbehörden entzieht.

Wie man sieht, wurde das Essen, dereinst beinahe heiliger Akt und ungetrübtes kulinarisches Vergnügen, im Laufe der menschlichen Evolution einerseits zum quälenden Problem, andererseits zum Bombengeschäft, das von einer Sintflut verführerischer Reklame begleitet wird. Für einen erfolgreichen Werbekreuzzug heuert der progressive Lebensmittelhersteller von heute ein gertenschlankes Mannequin an, das er gegen gutes Geld so lange mästet, bis es die fassähnlichen Ausmaße seiner Tante annimmt. Unter dem Foto der Tante steht dann in der Werbung »Vorher!«, unter dem des Mannequins »Nachher!«.

Hier möchte ich aber einwerfen, wie erstaunlich ich es finde, dass jeder Vielfraß immer und immer wieder auf seine Unzulänglichkeit aufmerksam gemacht wird, die Mageren hingegen selten und die Glatzköpfe niemals. Ein Dicker aber muss sich mindestens ein Dutzend Mal am Tag anhören: »Hör mal, du solltest wirklich nicht so viel essen.«

Was für ein geschmackloser Übergriff in die Privatsphäre.

Wir wollen aber nicht ungerecht sein. Wohl oder übel muss man zugestehen, dass im Lebensmittelbereich auch einige überwältigende Fortschritte zu verzeichnen sind. Nehmen wir zum Beispiel die Farben. Moderne Nahrungsmittel werden heute in den märchenhaftesten Technicolor-Farben produziert, ganz zu schweigen von ihrer stimulierenden Glitzerverpackung. Will jedoch ein Hersteller auf Nummer todsicher gehen, vermerkt er auf der Verpackung obendrein: »Nach Großmutters Art«.

Immerhin war das Essen früher auch eine durchaus legale Alternative zum außerehelichen Sex, auf dem ja bekanntlich bis heute ein göttliches Veto lastet. Im Zuge der weltweiten Befreiungswelle der letzten Jahrzehnte aber wurde der illegale Geschlechtsverkehr zur Pflicht, das Essen hingegen zum Tabu.

Alles hat eben seine Vor- und Nachteile.

Essen setzt auch persönliche Motive voraus. Essen als solches ist ja nicht nur eine existentielle Handlung, sondern oftmals auch ein soziales oder familiäres Ereignis, untermalt von Kerzenlicht, alkoholischen Getränken und romantischer Hintergrundmusik, Chefköchen und Kellnern. Ganz zu schweigen von den Schneidern und Näherinnen, welche die einzige Alternative zur Abmagerungskur bieten.

In dieser Hinsicht bin ich auch nicht besser als irgendein anderer. Zum Glück war ich in meiner Kindheit so dürr wie Bio-Magerquark, und diesem segensreichen Umstand verdanke ich es, dass ich auch heute nicht übermäßig dick bin. Wenn jedoch die täglichen Vergewaltigungsszenen und saftigen Sexualmorde über den Bildschirm flimmern, stopfe ich unkontrolliert Salzstangen in mich hinein, und es packt mich die fieberhafte Gier, in den hintersten Schubladen nach Schokoladenresten zu suchen. Dafür schäme

11

ich mich aber nicht im Geringsten, denn was der Körper braucht, das braucht er. Und überhaupt, ich kann mich beim besten Willen nicht daran erinnern, dass »Du sollst nicht naschen« eines der Zehn Gebote ist. Was nun meinen zwickenden Hosenbund betrifft, den brauchen mir die oben erwähnten Schneider nicht weiter zu machen. Ich habe da mein ganz persönliches System entwickelt: Den Reißverschluss meiner Hose ziehe ich fast ganz hoch, den Knopf oder den Haken unter dem Gürtel aber lasse ich geöffnet. Dabei atme ich, so seicht es geht, und betrachte mich niemals im Profil in einem Spiegel, sondern immer nur »en face«.

Dieses Buch soll dazu beitragen, Essen und Trinken von den neuen Fesseln zu befreien und ihnen den Glanz der Jugend wiederzugeben.

Schaschlik, sum-sum, wus-wus

Mit dem Magen verhält es sich wie mit den Gewerkschaften: Er lässt sich nichts befehlen und geht störrisch seinen eigenen Weg. Daraus ergeben sich zahlreiche Komplikationen.

Wenn der Neueinwanderer an Land gegangen ist, küsst er den Boden, auf dem seine Vorväter wandelten, zerschmettert die Fensterscheiben einiger Regierungsämter, siedelt sich im Negev an und ist ein vollberechtigter Bürger Israels. Aber sein konservativer, von Vorurteilen belasteter Magen bleibt ungarisch oder holländisch oder türkisch oder wie sich's gerade trifft.

Nehmen wir ein naheliegendes Beispiel: mich. Ich bin ein so alteingesessener Israeli, dass mein Hebräisch manchmal bereits einen leichten russischen Akzent annimmt – und trotzdem stöhne ich gequält auf, wenn mir einfällt, dass ich seit Jahr und Tag keine Gänseleber mehr gegessen habe. Ich meine: echte Gänseleber von einer echt gestopften Gans.

Anfangs versuchte ich diese kosmopolitische Regung zu unterdrücken. Mit aller meiner Energie sagte ich zu meinem Magen:

»Höre, Magen! Gänseleber ist pfui. Wir brauchen keine Gänseleber. Wir werden schöne, reife schwarze Oliven essen, mein Junge, und werden, nicht wahr, stark und gesund werden wie ein Dorfstier zur Erntezeit!«

Aber mein Magen wollte nicht hören. Er verlangte nach der dekadenten, überfeinerten Kost, die er gewohnt war.

Ich muss hier bemerken, dass das hartnäckig Ungarische meines Magens mir schon viel zu schaffen gemacht hat. In den Vereinigten Staaten wäre ich seinetwegen beinahe gelyncht worden. Es geschah in einer »Cafeteria«, einer jener riesenhaften Selbstbedienungsgaststätten, in denen man auf ein appetitliches Tablett alle möglichen Dinge teils auflädt, teils aufgeladen bekommt. Mein Tablett war bereits ziemlich voll, als ich an die Ausgabestelle für Eistee herantrat.

»Ein Glas kalten Tee ohne Eis«, bat ich die junge Dame in Kellnerinnentracht.

»Gern«, antwortete sie und warf ein halbes Dutzend Eiswürfel in meinen Tee.

»Verzeihen Sie – ich sagte: ohne Eis.«

»Sie wollten doch ein Glas Eistee haben, nicht?«

»Ich wollte ein Glas kalten Tee haben.«

Das Mädchen blinkte ratlos mit den Augen wie ein Leuchtturm im Nebel und warf noch ein paar Eiswürfel in meinen Tee.

»Da haben Sie den Tee. Der Nächste.«

»Nicht so, mein Kind. Ich wollte den Tee ohne Eis.«

»Ohne Eis können Sie ihn nicht haben. Der Nächste!«

»Aber mein Magen verträgt kein Eis, auch wenn es gratis ist. Können Sie mir nicht ein ganz gewöhnliches Glas kalten Tee geben, gleich nachdem Sie ihn eingeschenkt haben, und bevor Sie die Eiswürfel hineinwerfen?«

»Wie? Was? Ich verstehe nicht.«

In der Schlange, die sich mittlerweile hinter mir gebildet hatte, erklangen die ersten fremdenfeindlichen Rufe und was diese ausländischen Idioten sich eigentlich dächten. Da stieg orientalischer Stolz in mir auf.

»Ich möchte einen kalten Tee ohne Eiswürfel«, sagte ich.

Die Kellnerin war offenkundig der Meinung, dass sie ihre Pflicht getan hätte und sich zurückziehen könne. Sie winkte den Manager herbei, einen vierschrötigen Gesellen, der drohend an seiner Zigarre kaute.

»Dieser Mensch hier will einen Eistee ohne Eis«, informierte sie ihn. »Hat man so etwas schon gehört?«

»Mein lieber Herr«, belehrte mich der Manager, »bei uns trinken monatlich 1 930 275 Gäste ihren Eistee, und wir hatten noch nie die geringste Beschwerde.«

»Das kann ich mir lebhaft vorstellen«, antwortete ich höflich. »Aber ich vertrage nun einmal keine sehr kalten Getränke und deshalb möchte ich meinen Tee ohne Eis haben.«

»Alle Gäste nehmen ihn mit Eis.«

»Ich nicht.«

Der Manager maß mich von oben bis unten.

»Wie meinen Sie das: Sie nicht? Was gut genug für hundertsechzig Millionen Amerikaner ist, wird auch für Sie gut genug sein – oder?«

»Eis verursacht mir Magenkrämpfe.«

»Hör zu, mein Junge.« Die Stirn des Managers legte

sich in erschreckend tiefe, erschreckend finstere Falten. »Diese Cafeteria besteht seit dreiundvierzig Jahren und hat noch jeden Gast zu seiner Zufriedenheit bedient.«

»Ich will meinen Tee ohne Eis.«

Um diese Zeit hatten mich die ungeduldig Wartenden bereits umzingelt und begannen ihre Ärmel hochzurollen. Der Manager schien die Geduld zu verlieren.

»In Amerika wird Eistee mit Eis getrunken!«, brüllte er. »Verstanden?!«

»Ich wollte ja nur …«

»Ihre Sorte kennt man! Ihnen kann's niemand recht machen, was? Wo kommen Sie denn überhaupt her, Sie?«

»Ich? Aus Ägypten.«

»Hab ich mir gleich gedacht«, sagte der Manager. Er sagte noch mehr, aber das konnte ich nicht mehr hören. Ich rannte um mein Leben, von einer zornigen Menschenmenge verfolgt.

Aber nun zu Naftali. Als ich das erste Mal zu ihm kam, geriet mein Magen vom bloßen Anblick in schmerzlichen Aufruhr. Naftali stand hinter seiner Theke und beobachtete mich mit einem Lächeln, um dessen Rätselhaftigkeit die selige Mona Lisa ihn beneidet hätte. Auf der Theke befanden sich zahllose undefinierbare Rohmaterialien in Technicolor, und auf einem Regal im Hintergrund standen sprungbereite Gefäße mit allerlei lustigen Gewürzen. Kein Zweifel – ich war in eine original-arabische Giftküche geraten. Aber noch bevor ich die Flucht ergreifen konnte, gab mir mein Magen zu verstehen, dass er sofortiger Nahrung bedürfe.

»Na, was haben wir denn heute?«, fragte ich betont lässig.

Naftali betrachtete einen Punkt ungefähr fünf Zentimeter neben meinem Kopf (er schielte, wie sich alsbald herausstellte) und gab bereitwillig Auskunft.

»Chumus, Mechsi mit Burgul oder Wus-Wus.«

Es war eine schwere Wahl. Chumus erinnerte mich von fernher an ein lateinisches Sprichwort, aber Wus-Wus war mir vollkommen neu.

»Bringen Sie mir ein Wus-Wus.«

Die fantastische Kombination von Eierkuchen, Reis und Fleischbrocken in Pfefferminzsauce, die Naftali auf meinen Teller häufte, schmeckte abscheulich, aber ich wollte ihm keine Gelegenheit geben, sein rätselhaftes Lachen aufzusetzen. Mehr als das: Ich wollte ihn besiegen.

»Haben Sie noch etwas anderes?«, erkundigte ich mich beiläufig.

»Jawohl«, grinste Naftali. »Wünschen Sie Khebab mit Bacharat, Schaschlik mit Elfa, eine Schnitte Sechon oder vielleicht etwas Smir-Smir?«

»Ein wenig von allem.«

Zu dieser vagen Bestellung nahm ich Zuflucht, weil ich die exotischen Namen nicht behalten konnte. Naftali würde mir jetzt sicher eine scharfgewürzte Bäckerei, ein klebriges Kompott und irgendeinen säuerlichen Mehlpapp servieren. Weit gefehlt. Er begab sich an eine Art Laboratoriumstisch und mischte ein paar rohe Hammelinnereien mit gedörrtem Fisch, bestreute das Ganze mit Unsummen von Pfeffer und schüttete noch etwas Öl, Harz und Schwefelsäure darüber.

Etwa zwei Wochen später wurde ich aus dem Krankenhaus entlassen und konnte meinen Beruf wieder aufnehmen. Von gelegentlichen Schwindelanfällen abgesehen, fühlte ich mich verhältnismäßig wohl, und die Erinnerung an jenes schauerliche Mahl begann allmählich zu verblassen. Aber was tat das Schicksal?

Eines Tages, als ich auf dem Heimweg an Naftalis Schlangengrube vorbeikam, sah ich ihn grinsend in der Tür stehen. Meine Ehre verbot mir, vor diesem Grinsen Reißaus zu nehmen. Ich trat ein, fixierte Naftali selbstbewusst und sagte:

»Ich hätte Lust auf etwas stark Gewürztes, Chabibi!«

»Sofort!«, dienerte Naftali. »Sie können eine erstklassige Kibah mit Kamon haben oder ein Hashi-Hashi.«

Ich bestellte eine kombinierte Doppelportion dieser Gerichte, die sich als Zusammenfassung aller von den Archäologen zutage geförderten Ingredienzien der altpersischen Küche erwies, mit etwas pulverisiertem Gips als Draufgabe. Nachdem ich diesen wertvollen Fund hinuntergewürgt hatte, forderte ich ein Dessert.

»Suarsi mit Mish-Mish oder Baklawa mit Sum-Sum?«

Ich aß beides. Noch zwei Tage danach war mein Organismus ausgeschaltet, und ich torkelte wie ein Schlafwandler durch die Gegend. Nur so lässt es sich erklären, dass ich das nächste Mal, als ich des grinsenden Naftali ansichtig wurde, wieder seine Kaschemme betrat.

»Und was darf's heute sein, Chabibi?«, fragte er lauernd, die Mundwinkel verächtlich herabgezogen.

Da durchzuckte mich der göttliche Funke und beflügelte mit meinem Stolz auch mein Improvisationstalent. Im nächsten Augenblick hatte ich zwei völlig neue persische Nationalgerichte erfunden.

»Eine Portion Kimsu«, bestellte ich, »und vielleicht ein Sbagi mit Kub-Kubon.«

Und was geschah? Was, frage ich, geschah?

Es geschah, dass Naftali mit einem höflichen »Sofort!« im Hintergrund der finsteren Spelunke verschwand und nach kurzer Zeit eine artig von Rüben umrandete Hammelkeule vor mich hinstellte.

Aber so leicht sollte er mich nicht unterkriegen.

»He! Wo ist mein Kub-Kubon?«

Nie werde ich die Eilfertigkeit vergessen, mit der Naftali eine Büchse Kub-Kubon herbeizauberte.

»Schön«, sagte ich. »Und jetzt möchte ich noch ein Glas Vago Giora. Aber kalt, wenn ich bitten darf.«

Auch damit kam er alsbald angedienert. Und während ich behaglich mein Vago Giora schlürfte, dämmerte mir, dass all diese exotischen Originalgerichte, all diese Burgul und Bacharat und Wus-Wus und Mechsi und Pechsi nichts anderes waren als ein schä-

19

biger Betrug, dazu bestimmt, uns dumme Juden lächerlich zu machen. Das steckte hinter Mona Lisas geheimnisvollem Grinsen.

Seit diesem Tag fürchte ich mich nicht mehr vor der orientalischen Küche. Eher fürchtet sie sich vor mir. Erst gestern musste Naftali mit schamrotem Gesicht ein Mao-Mao zurücknehmen, das ich beanstandet hatte.

»Das soll ein Mao-Mao sein?«, fragte ich mit ätzendem Tadel. »Seit wann serviert man Mao-Mao ohne Kafka?!«

Und ich weigerte mich, mein Mao-Mao zu berühren, solange kein Kafka auf dem Tisch stand.

Meinen Lesern, soweit sie orientalische Restaurants frequentieren, empfehle ich, nächstens ein gut durchgebratenes Mao-Mao mit etwas Kafka zu bestellen. Es schmeckt ausgezeichnet. Wenn gerade kein Kafka da ist, kann man auch Saroyan nehmen. Aber nicht zu viel.

Wem die Teller schlagen

Die beste Ehefrau von allen und ich sind keine religiösen Eiferer, aber die Feiertage werden bei uns streng beachtet. Alle. An Feiertagen braucht man nichts zu arbeiten, und außerdem sorgen sie für kulinarische Abwechslung. Um nur ein Beispiel zu nennen: An Pessach, dem Fest zum Gedenken an unseren Auszug aus Ägypten, soll man bestimmte Speisen zweimal in eine schmackhafte Fleischsauce tunken, ehe man sie verzehrt. An Wochentagen tunkt man in der Regel nicht einmal einmal.

Was Wunder, dass ich in diesem Jahr, als es so weit war, an meine Frau folgende Worte richtete: »Ich habe eine großartige Idee. Wir wollen im Sinne unserer historischen Überlieferungen einen Festabend abhalten, zu dem wir unsere lieben Freunde Samson und Dwora einladen. Ist das nicht die schönste Art, den Feiertag zu begehen?«

»Unbedingt!«, replizierte die beste Ehefrau von allen. »Aber noch schöner wäre es, von ihnen eingeladen zu werden. Ich denke gar nicht daran, eine opulente Mahlzeit anzurichten und nachher stundenlang alles wieder sauberzumachen.«

Die beste Ehefrau von allen hatte natürlich wieder einmal recht. Gleichgültig, ob es eine erfolgreiche oder eine misslungene Party ist, eines ist sicher: Wenn die Tür sich hinter dem letzten Gast geschlossen hat, stehen die Hausleute einer verwüsteten Wohnung und Bergen von schmutzigen Tellern gegenüber. Es muss ein solcher Augenblick gewesen sein, in dem der alte Hiob (14, 19) wehklagte: »Du wäschest hinweg die Dinge, die da kommen aus dem Staub der Erde, und du vernichtest des Menschen Hoffnung.« Die Bibel meldet leider nicht, was Frau Hiob darauf geantwortet hat.

Meine Frau hat so gesprochen: »Geh zu Samson und Dwora und sag ihnen, dass wir sie sehr gerne eingeladen hätten, aber leider geht's diesmal nicht, weil … lass mich nachdenken … weil unser Schnellkochtopf geplatzt ist oder die Dichtung porös ist und Ersatzdichtungen erst in zehn Tagen wieder lieferbar sind, und deshalb müssen sie uns einladen.«

Ich beugte mich vor dieser zwingenden Logik, ging zu Samson und Dwora und schwärmte, wie schön es doch wäre, den Abend in familiärer Gemütlichkeit zu verbringen.

Laute Freudenrufe waren die Antwort.

»Herrlich«, jubelte Dwora. »Wunderbar. Nur schade, dass es diesmal bei uns nicht geht. Unser Schnellkochtopf ist geplatzt, das heißt, die Dichtung ist porös, und Ersatzdichtungen sind erst in zehn Tagen wieder lieferbar. Du verstehst …«

Ich war sprachlos vor Empörung.

»Wir werden also zu euch kommen«, schloss Dwora unbarmherzig ab. »Gut?«

»Nicht gut«, erwiderte ich mühsam. »Es klingt vielleicht ein bisschen dumm, aber auch unser Schnellkochtopf ist hin. Eine wahre Schicksalsironie. Ein Treppenwitz der Weltgeschichte. Aber was hilft's.«

Samson und Dwora wechselten ein paar stumme Blicke.

»In der letzten Zeit«, fuhr ich verlegen fort, »hört man immer wieder von geplatzten Schnellkochtöpfen. Sie platzen im ganzen Land. Vielleicht ist mit den Elektrizitätswerken etwas nicht in Ordnung.«

Langes, ausführliches Schweigen entstand. Plötzlich stieß Dwora einen heiseren Schrei aus und schlug vor, unsere Freunde Botoni und Piroschka in die geplante Festlichkeit einzubeziehen.

Wir beschlossen, eine rein männliche diplomatische Zweier-Delegation zu Botoni und Piroschka zu entsenden. Samson und ich gingen sofort los.

»Hör zu, alter Junge«, sagte ich gleich zur Begrüßung und klopfte Botoni freundschaftlich auf die Schulter. »Wie wär's mit einem gemeinsamen Abendessen? Großartige Idee, was?«

»Wir könnten einen Kocher mitbringen, falls eurer zufällig geplatzt ist«, fügte Samson vorsorglich hinzu.

»In Ordnung? Abgemacht?«

»In Gottes Namen.« Botoni klang etwas säuerlich. »Dann kommt ihr eben zu uns. Auch meine Frau wird sich ganz bestimmt sehr freuen, euch zu sehen.«

»Botoooni!« Eine schrille Weiberstimme schlug schmerzhaft an unser Trommelfell. Botoni stand auf, vermutete, dass seine Frau in der Küche etwas von ihm haben wolle, und entfernte sich. Wir warteten in düsterer Vorahnung.

Als er zurückkam, hatten sich seine Gesichtszüge deutlich verhärtet.

»Auf welchen Tag fällt eigentlich unser Fest?«, fragte er.

»Es ist der nächste Donnerstag«, erläuterte ich höflich.

»Was für ein Schwachkopf bin ich doch.« Botoni schlug sich mit der flachen Hand gegen die Stirn. »Jetzt habe ich vollkommen vergessen, dass an diesem Tag unsere Wohnung saubergemacht wird. Und neu gemalt. Wir müssen anderswo essen. Möglichst weit weg. Schon wegen des Geruchs …«

Samson sah mich an. Ich sah Samson an. Man sollte gar nicht glauben, auf was für dumme, primitive Ausreden ein Mensch kommen kann, um sich einer religiösen Verpflichtung zu entziehen. Da blieb uns gar nichts anderes übrig, als Botoni in die Geschichte mit den geplatzten Töpfen einzuweihen.

Botoni hörte gespannt zu. Nach einer kleinen Weile sagte er: »Wie gedankenlos von uns. Warum sollten wir ein so nettes Paar wie Midad und Schulamith von unserem Fest ausschließen?«

Wir umarmten einander herzlich, denn im Grunde waren wir Busenfreunde, alle drei. Dann gingen wir alle drei zu Midad und Schulamith, um ihnen unseren Plan für einen schönen, gemeinsamen Abend vorzulegen.

Midads Augen leuchteten auf. Schulamith klatschte vor Freude sogar in die Hände: »Fein! Ihr seid alle zum Abendessen bei uns.«

Wir glotzten. Alle? Wir alle? Zum Abendessen? Nur so? Da steckt etwas dahinter.

»Einen Augenblick«, sagte ich mit gepresster Stimme. »Seid ihr sicher, dass ihr eure Wohnung meint?«

»Was für eine Frage!«

»Und euer Schnellkochtopf funktioniert wirklich?«

»Einwandfrei.«

Ich war fassungslos. Und ich merkte, dass auch Samson und Botoni von Panik ergriffen wurden.

»Die Wände«, brach es aus Botoni hervor. »Was ist mit euren Wänden? Werden die gar nicht geweißt?«

»Lass die Dummheiten«, sagte Midad freundlich und wohlgelaunt. »Ihr seid zum Abendessen bei uns und kein Wort mehr darüber.«

Völlig verdattert und konfus verließen wir Midads Haus. Selbstverständlich werden wir nicht hingehen. Irgendetwas ist da nicht in Ordnung, und so leicht kann man uns nicht hereinlegen. Keinen von uns. Wir bleiben zu Hause.

Gäste willkommen

Vor ein paar Tagen fragte ich Jossele, ob er am Sabbatvormittag nicht mit mir zusammen an den Strand gehen wolle.

»Das wird leider nicht gehen«, sagte Jossele. »Wegen meiner Bar-Mizwa.«

»Entschuldige, Jossele. Ich habe dich nicht verstanden. Wessen Bar-Mizwa sagtest du?«

»Das weiß ich nicht. Es interessiert mich auch nicht. Hauptsache ist: Bar-Mizwa. Willst du mitkommen?«

Damit begann es. Jossele erklärte mir, dass er schon seit vielen Jahren seine Sabbatvormittage im »Industriellen-Club« von Tel Aviv verbringt, weil dort immer etwas los ist – ein Empfang, eine Bar-Mizwa, eine Hochzeit.

»In jedem Fall bekommt man sehr gut zu essen und zu trinken«, klärte er mich auf. »Dann geht man mit einem Mädchen oder mit einem kleinen Darlehen weg und hat eine schöne Erinnerung. Ich kann diese Sabbatvormittage jedermann wärmstens empfehlen.«

Pünktlich um 11 Uhr, elegant in unseren dunkelsten Anzügen, waren wir im Industriellenpalast. Unterwegs bat ich Jossele um Tipps für richtiges Verhalten, aber er winkte ab. Darauf müsse man selbst kommen, meinte er, oder man bliebe besser zu Hause. Das Einzige, was er mir raten könne: am Tag vorher nichts zu essen.

Einige Tausend Personen waren bereits versammelt, als wir ankamen. Am Eingang stand ein gutgekleidetes, sichtlich wohlhabendes Ehepaar, das die Gäste empfing und vor Erschöpfung beinahe zusammenbrach. Daneben stand ein dümmlich grinsender Knabe. Wir reihten uns in die langsam dahinschiebende Schlange ein.

»Maseltow!«, sagten wir unisono, als wir vor den Eltern standen, und schüttelten ihnen herzlich die Hände. »Wir gratulieren!«

»Danke«, antworteten die Eltern unisono. »Wir freuen uns, dass Sie gekommen sind.«

Dann beugte sich Jossele zur eigentlichen Hauptperson nieder und tätschelte die Wangen des mannbar gewordenen Jünglings, der rot wurde und ein verlegenes Kichern durch die Nase stieß.

»Wer sind die zwei?«, hörte ich, als wir weitergingen, die Stimme der Mutter in meinem Rücken und den Vater antworten: »Keine Ahnung. Wahrscheinlich von irgendeiner Gesandtschaft.«

Kaum hatten wir den großen Empfangssaal betreten, als Jossele das Tempo erhöhte. »Rasch zum Büfett!«, flüsterte er mir zu. »Jede Sekunde zählt. Man sollte es nicht glauben, aber manche Leute kommen nur her, um sich anzufressen. Wenn wir uns nicht beeilen, haben wir das Nachsehen.«

Die Brötchen waren ganz hervorragend, besonders die mit gehackter Gänseleber. Wir aßen ihrer je

27

fünfzig und spülten etwas Bier und Cognac nach, um Platz für die Würstchen und die Bäckereien zu schaffen, die bald darauf gereicht wurden. Bereits nach einer halben Stunde fühlten wir uns wie zu Hause. Ich winkte einem Kellner, der mit einem geleerten Tablett entschwinden wollte, und bestellte eine Eisbombe, aber schnell. Jossele bestellte ein Beefsteak und Pfirsich Melba. Einige Gläser Champagner gaben uns wieder ein wenig Aktionsraum für die Ananas. Während des Essens machten wir die Bekanntschaft zweier Minister und baten sie um Posten. Dann interviewten wir den Rektor der hebräischen Universität. Eine dicke Dame verteilte Freikarten fürs Theater. Wir nahmen sechs.

Nach zwei anregenden Stunden sah Jossele prüfend zur Küchentür und winkte mich dann zum Ausgang. Jetzt käme nichts mehr, sagte er.

Wir gingen an dem großen Tisch vorbei, auf dem die Bar-Mizwa-Geschenke ausgebreitet waren. Jossele wählte eine Bibel und ein englisches Wörterbuch, das er schon lange gesucht hatte, ich entschied mich für eine Luxusausgabe von Shakespeares Werken und ein Paar Schlittschuhe. Nächste Woche gehen wir zu einer Hochzeit.

Garçon, une entrecôte!

Tief im Bois de Boulogne, an der Kreuzung zweier schwer zugänglicher Seitenwege, liegt ein kleines, unauffälliges Restaurant, das nur von Einheimischen frequentiert wird. An jenem Sonntag barst es schier vor Gästen, und am Eingang wartete eine Schlange esslustiger Franzosen auf das Freiwerden von Plätzen. Zwischen den dichtbesetzten Tischen eilten zwei schwitzende, unter der Last ihrer Arbeit tief gebückte Kellner hin und her und bestätigten aufs Neue die alte Regel, dass es in einem französischen Restaurant entweder zu viel oder zu wenig Kellner gibt, aber nie die richtige Anzahl. So unverkennbar echt war die Atmosphäre, mit so authentischem Zauber nahm sie mich gefangen, dass ich in sträflichem Leichtsinn alle Warnungen der Eule Lipschitz vergaß und mich an einen Tisch setzte, der wunderbarerweise vollkommen leer inmitten des Lokals stand. Lässig ließ ich mich auf den freien Stuhl nieder (es war nur ein einziger vorhanden), räkelte meine drahtigen Glieder und stellte nicht ohne Befriedigung fest, dass ich mich in verhältnismäßig kurzer Zeit bereits völlig an den Lebensstil der Franzosen angeglichen hatte. Dann griff ich nach der Karte, überflog sie geübten Blicks und entschied mich für ein Entrecôte. »Garçon!«, rief ich in bestem Französisch. »Une entrecôte!«

Der Kellner, einen Ausdruck aristokratischer Unnahbarkeit im Gesicht und sieben hochgetürmte Teller in den Händen, wischte an mir vorbei, ohne mich auch nur anzusehen. Ich wartete, bis er aus der Gegenrichtung wieder den Tisch passierte.

»Garçon! Une entrecôte!«

Diesmal würdigte mich der Aristokrat wenigstens eines flüchtigen Blicks, aber das war auch alles. Ich strich ihn aus der Liste meiner Bekannten. Ohnehin sah sein Kollege, der einen buschigen Schnurrbart trug, aussichtsreicher aus.

»Garçon! Une entrecôte!«

Der Angeredete – er trug außer dem Schnurrbart eine noch größere Anzahl von Tellern als sein Vorgänger – verschwand wortlos in der Menge. Jetzt wurde ich doch ein wenig unruhig und fragte mich, ob ich nicht vielleicht in die Stoßzeit geraten wäre. Rings um mich löste der größere Teil der Pariser Bevölkerung mit hörbarem Vergnügen das sonntägliche Ernährungsproblem. Und mir als Einzigem sollte diese Lösung versagt bleiben? Als ich den Aristokraten wieder herannahen sah, sprang ich auf und trat ihm in den Weg.

»Garçon! Une entrecôte!«

Er rannte mich nieder. Er ging über mich hinweg, als ob er mich nicht gesehen hätte. Ich war unsichtbar geworden. »Lipschitz!«, zuckte es durch mein Hirn, während ich mich mühsam vom Boden erhob. Hatte mir Lipschitz nicht noch in Israel gesagt, dass man als Tourist kein Mensch sei? Offenbar war das ganz wörtlich zu verstehen. Vielleicht war ich schon tot und wusste es nicht …

Ein hungriges Knurren aus meiner Magengegend brachte mich in die Wirklichkeit zurück. Als der Schnurrbart wieder an meinem Tisch vorbeikam, erwischte ich ihn an den Frackschößen.

»Garçon! Une entrecôte!«

»Sofort«, antwortete er und suchte sich verzweifelt aus meinem Doppelnelson herauszuwinden. Aber ich ließ nicht locker. Ich stellte ihm die Frage, die mich schon seit einiger Zeit beschäftigte.

»Warum geben Sie mir nichts zu essen?«

»Das ist nicht mein Tisch!« Er begleitete diese Auskunft mit einigen heftigen Tritten gegen mein Schienbein.

Ich ließ ihn los. Wenn das nicht sein Tisch war, dann hatte ich kein Recht, ihn zurückzuhalten.

Mit erneuter Inbrunst wandte ich mich dem Aristokraten zu, suchte durch lautes Klatschen seine Aufmerksamkeit zu erregen und durch körperlichen Einsatz seinen Weg zu blockieren. Er ging abermals durch mich hindurch.

Jetzt begann mein Erfindungsgeist zu arbeiten. Ich konstruierte eine – wenn auch primitive – Falle. Als er das nächste Mal, bepackt mit einer enormen Ladung Desserts, den an meinem Tisch vorüberführenden Engpass durchbrechen wollte, sprang ich auf, schob meinen Stuhl hinter ihn und schnitt ihm mit einem blitzschnellen Umgehungsmanöver von vorne den Weg ab. Wie ein Obelisk ragte ich vor ihm auf. Jetzt gab es kein Entrinnen für ihn.

»Garçon! Une entrecôte!«

Er versuchte einen strategischen Rückzug, fand aber die Ausfallstraße durch meine Barrikade unpassierbar.

»Monsieur«, sagte er und maß mich mit einem mörderischen Blick. »Das ist nicht mein Tisch.«

Ich verstand. Endlich verstand ich. Das also war der Grund, warum dieser Tisch so wunderbarerweise leer stand. Es war ein Niemandstisch im Grenzgebiet zwischen zwei Großmächten, ein verlassener Vorposten am Rand der Wüste, wo nachts die Schakale heulen und höchstens dann und wann ein Atomphysiker auftaucht. Instinktiv sah ich unter den Tisch, ob dort nicht vielleicht ein paar Skelette lägen. Die Eule Lipschitz fiel mir wieder ein. Ich war ein Tourist. Ich war ein Ausgestoßener. Was sollte aus mir werden? Mit elementarer Gewalt ergriff mich das dem Psychologen so wohlbekannte, urmenschliche Bedürfnis, zu irgendjemandem zu gehören.

»Dein bin ich, dein mit Leib und Seele«, wisperte ich ins Ohr des Aristokraten, der zufällig in meiner Nähe eine kleine Verschnaufpause machte. »Ich gehöre dir, ich schare mich um dein Banner, ich …«

»Lassen Sie mich in Ruhe, oder ich hole die Polizei«, zischte der Aristokrat und brach in westlicher Richtung aus.

Ich begann zu weinen. Nichts ist schlimmer als Einsamkeit. Ephraim, sagte ich zu mir selbst, du musst etwas tun. Du musst bei einem Kellner eine de-facto-Anerkennung durchsetzen, sonst hast du zu existieren aufgehört!

Mit letzter Kraft sprang ich auf und winkte dem Schnurrbart, der mit einer Lieferung angenehm duftenden Geflügels unterwegs war.

»Garçon! L'addition!«

Der Schnurrbart warf mir einen Blick zu, aus dem klar hervorging, dass er auf diesen schäbigen Trick nicht hereinzufallen gedächte, und setzte seinen Weg fort.

Wenn ich jetzt, dachte der Faschist in mir, während ich dem Schnurrbart hasserfüllt nachsah, wenn ich jetzt eine Plastikbombe in der Tasche hätte, dann wäre es um ihn geschehen!

In diesem Augenblick trat eine unvorhergesehene Wendung der Dinge ein, und zwar in Gestalt eines vierschrötigen, glatzköpfigen Mannes, der sich vor der Küchentür aufpflanzte und einen selbstbewussten Feldherrnblick über das Terrain schweifen ließ. Der Chef!

Ich stürzte auf ihn zu und schilderte ihm mit bitteren Worten, wie seine Kellner mich behandelten.

»Schon möglich«, meinte er gleichgültig. »Es sind eingeschriebene Mitglieder der kommunistischen Partei, einer wie der andre.«

»Und was soll ich jetzt machen?«

Der Chef zuckte die Achseln. »Ich habe mit einem dritten Kellner Kontakt aufgenommen. Angeblich kommt er Ende der Woche ... vielleicht, dass er ...«

»Aber was mache ich bis dahin?«

»Hm. Haben Sie unter den Gästen nicht vielleicht einen Bekannten, der für Sie bestellen könnte?«

Einen Bekannten? Ich? Hier, mitten im Urwald? Ich schüttelte den Kopf.

Der Chef tat ein Gleiches und zog in die Küche zurück, während ich – mit jener weichlichen Unentschlossenheit, die ein typisches Merkmal der untergehenden Bourgeoisie ist – meinen hoffnungslosen Platz im Niemandsland wieder einnahm. Der Hunger trieb mich zur Verzweiflung. Ich musste über die Grenze gelangen, koste es, was es wolle. Unauffällig, mit kleinen, sorgfältig berechneten Rucken, begann ich den Tisch im Sitzen aus dem Niemandsland hinauszuschieben. Zoll um Zoll, langsam, aber unaufhaltsam kämpfte ich mich zum Territorium des Schnurrbarts durch, von jeder Deckung Gebrauch machend, die sich unterwegs bot. Bald, so ermunterte ich mich, bald bin ich unter Menschen ... die Rettung ist nahe ...

Nichts da. Die Grenzpolizei schnappte mich. Und an dem Schicksal, das einem ausländischen Infiltranten bevorstand, war nicht zu zweifeln.

»Schieben Sie den Tisch sofort zurück!«, herrschte der Schnurrbart mich an.

Was jetzt über mich kam, lässt sich rationell nicht erklären. Es wurzelt tief in archaischen Trieben. Mit einem heiseren Aufschrei warf ich mich über den Kellner, riss vom obersten Teller eine halbe Ente an mich und schob sie in den Mund. Sie schmeckte betörend. Schon streckte ich die Hand nach den Petersilienkartoffeln aus – aber da hatte der Kellner sich aus seiner Starre gelöst und begann zurückzuweichen.

»Monsieur …«, stammelte er. »Monsieur, was tun Sie da?«

»Ich esse«, antwortete ich bereitwillig. »Das wundert Sie, was?«

Alle Augen waren auf mich gerichtet. Das ganze Restaurant verfolgte atemlos den ein wenig ungewöhnlichen Vorgang. Leider kam der Aristokrat dem Schnurrbart zu Hilfe, und auch der Chef schämte sich nicht, mit den Kommunisten gemeinsame Sache zu machen. Es gelang ihm, den Rest der Ente aus meinen Händen zu winden. Dann, unter den Hochrufen der Zuschauer, hoben sie mich hoch und trugen mich zur Tür. Unterwegs entschloss ich mich, ein Trinkgeld zu geben.

»Hunger!«, brüllte ich. »Hunger! Ich will essen!«

»Warten Sie, bis Sie bedient werden«, sagte der Schnurrbart.

»Sie sind hier nicht im Ritz«, fügte der Aristokrat hinzu.

Von diesen beiden war nichts zu erwarten. Ich wandte mich an den Chef. »Hören Sie«, beschwor ich ihn. »Engagieren Sie mich als Kellner!«

Es war zu spät. In weitem Bogen flog ich durch die Tür, kam nach einer glatten Bauchlandung auf die Füße und wandte mich um.

Der Chef stand da und sah mich mit einem beinahe teilnahmsvollen Gesichtsausdruck an. »Monsieur – gehen Sie in irgendein Restaurant auf den Champs-Élysées. Das ist das Richtige für Touristen …«

Salzstangenorgie wider Willen

»Bist du ganz sicher, Ephraim?«, fragte meine Frau. »Ist es eine Einladung zum Essen?«

»Ja, soviel ich weiß ...«

Hundertmal hatte ich es meiner Frau schon erklärt, und sie hörte nicht auf zu fragen. Ich selbst war am Telefon gewesen, als Frau Spiegel anrief und uns für Mittwoch halb neun Uhr abends einlud. Ich hatte die Einladung mit Dank angenommen und wieder aufgelegt. Das war alles. Nicht der Rede wert, sollte man meinen. Aber wir haben seither kaum über etwas anderes gesprochen. Immer wieder analysierten wir das kurze Telefongespräch. Frau Spiegel hatte nicht gesagt, dass es eine Einladung zum Abendessen war. Sie hatte aber auch nicht gesagt, dass es keine Einladung zum Abendessen war.

»Man lädt nicht für Punkt halb neun Gäste ein, wenn man ihnen nichts zu essen geben will«, lautete schließlich die Interpretation meiner Frau. »Es ist eine Dinnereinladung.«

Auch ich war dieser Meinung. Wenn man nicht die Absicht hat, seinen Gästen ein Abendessen zu servieren, dann sagt man beispielsweise: »Kommen Sie aber nicht vor acht« oder: »Irgendwann zwischen acht und neun«, aber man sagt auf keinen Fall: »Pünktlich um halb neun.« Ich erinnere mich nicht genau, ob Frau Spiegel »pünktlich« gesagt hat, aber »um« hat sie gesagt. Sie hat es sogar deutlich betont, und in ihrer Stimme lag etwas unverkennbar Nahrhaftes.

»Ich bin ziemlich sicher, dass es eine Einladung zum Essen ist«, war in den meisten Fällen das Ende meiner Überlegungen. Um alle Zweifel zu beseitigen, wollte ich sogar bei Frau Spiegel anrufen und ihr von irgendwelchen Diätvorschriften erzählen, die ich derzeit zu beachten hätte, und sie solle mir nicht böse sein, wenn ich sie bäte, bei der Zusammenstellung des Menüs darauf Rücksicht zu nehmen. Dann hätte sie Farbe bekennen müssen. Dann hätte sich sehr rasch gezeigt, ob sie überhaupt vorhatte, ein Menü zusammenzustellen. Aber so raffiniert dieser Plan ausgedacht war, meine Frau war dagegen. Es mache, behauptete sie, keinen guten Eindruck, eine Hausfrau vor die Tatsache zu stellen, dass man von ihr verköstigt werden will. Außerdem sei das ganz überflüssig.

»Ich kenne die Spiegels«, sagte sie. »Bei denen biegt sich der Tisch, wenn sie Gäste haben.«

Am Mittwoch ergab es sich dann, dass wir zu Mittag sehr beschäftigt waren und uns mit einem raschen, lediglich aus ein paar Brötchen bestehenden Imbiss begnügen mussten. Als wir abends zu Spiegels losgingen, waren wir richtig ausgehungert, und vor unserem geistigen Auge erschien ein Büfett mit viel kaltem Geflügel, mit Huhn und Truthahn, Gans und Ente, mit Saucen und Gemüsen und Salaten. Hoffentlich machen sie vorher keine zu lange Konversation, die Spiegels. Hoffentlich warten sie damit bis nach dem Essen.

Gleich als wir die Spiegelsche Wohnung betraten, regten sich unsere alten Zweifel wieder. Wir waren die ersten Gäste, und die Spiegels zogen sich gerade noch an. Besorgt sahen wir uns um, entdeckten aber keinerlei kulinarische Anhaltspunkte. Es war der übliche Anblick: eine Sitzgarnitur, Fauteuils und Stühle um einen niedrigen Glastisch, auf dem sich eine große, flache Schüssel mit Mandeln, Erdnüssen und getrockneten Rosinen befand, in einer bedeutend kleineren Schüssel einige Oliven, in einer etwas größeren gewürfelte Käsestückchen mit Zahnstochern aus Plastik und schließlich ein edel geschwungenes Glasgefäß voll dünner Salzstangen.

Plötzlich durchzuckte mich der Gedanke, dass Frau Spiegel am Telefon vielleicht doch 20.45 Uhr gesagt hatte und nicht 20.30 Uhr, ja vielleicht hatte sie überhaupt keinen genauen Zeitpunkt genannt, und wir hatten nur über Fellinis »8 1/2« gesprochen.

»Was darf's zum Trinken sein?«

Der Hausherr, noch mit dem Binden seines Schlipses beschäftigt, mixte uns einen John Collins, ein außerordentlich erfrischendes Getränk, bestehend aus einem Drittel Brandy, einem Drittel Soda und einem Drittel Collins. Wir trinken es sonst sehr gerne. Diesmal jedoch waren unsere Magennerven mehr auf Truthahn eingestellt, jedenfalls auf etwas Kompaktes. Nur mühsam konnten wir sie beruhigen, während wir unsere Gläser nahmen.

Der Hausherr stieß mit uns an und wollte wissen, was wir von Kafka hielten. Ich nahm eine Handvoll

Erdnüsse und versuchte eine Analyse der modernen Literatur, soweit sie uns betraf, stellte aber bald fest, dass mir das Material ausging. Was ist denn auch eine einzige Schüssel mit Erdnüssen und Mandeln für einen erwachsenen Menschen?

Ganz ähnlich erging es meiner Frau. Sie hatte den schwarzen Oliven in einem Satz den Garaus gemacht und schwere Verwüstungen unter den Käsewürfeln angerichtet. Als wir auf die weltweite Aufrüstung zu sprechen kamen, befanden sich auf dem Glastisch nur noch ein paar verlassene Gurkenscheiben.

»Einen Augenblick«, sagte Frau Spiegel, wobei sie es fertigbrachte, gleichzeitig zu lächeln und die Augenbrauen hochzuziehen. »Ich hole noch etwas.«

Und sie verließ das Zimmer, die leeren Schüsseln im Arm. Durch die offene Tür versuchten wir in der Küche irgendwelche Anzeichen von Küchenarbeit zu entdecken. Das Ergebnis war niederschmetternd. Die Küche glich einem Operationsraum, so steril und weiß und ruhig lag sie da.

Inzwischen – es ging auf neun zu – waren noch einige Gäste eingetroffen. Mein Magen begrüßte jeden einzelnen mit lautem Knurren.

Die Konversation wandte sich der erfolgreichen Amerikareise unseres Finanzministers zu.

»Man kann sagen, was man will«, sagte jemand, der etwas sagen wollte. »Er lässt sich nicht unterkriegen.«

Nicht? Ich hätte ihn gern gesehen, wenn er in Amerika zum Dinner nichts als Erdnüsse bekommen hätte. Ich, zum Beispiel, hatte schon nach der zweiten

Schüssel Magendrücken. Nicht dass ich gegen Erdnüsse etwas habe. Die Erdnuss ist ein schmackhaftes, vitaminreiches Nahrungsmittel. Aber sie ist kein Ersatz für Truthahn oder Fischsalat mit Mayonnaise.

Ich sah mich um. Meine Frau saß mir mit kalkweißem Gesicht gegenüber und griff sich in diesem Augenblick gerade an die Kehle, offenbar um den John Collins zurückzudrängen, der gegen die Gurken und Rosinen rebellierte. Ich nickte ihr zu, warf mich auf eine eben eintreffende Ladung frischer Käsewürfel und verschluckte in der Eile einen Plastikzahnstocher. Frau Spiegel tauschte befremdete Blicke mit ihrem Gatten und erhob sich, um neue Vorräte herbeizuschaffen.

Jemand meinte gerade, dass die Zahl der Arbeitslosen stetig zunehme.

»Kein Wunder«, bestätigte ich. »Das ganze Volk hungert.«

Das Sprechen fiel mir nicht leicht, denn ich hatte den Mund voller Salzstangen. Aber es ärgerte mich, dummes Geschwätz über angeblich steigende Arbeitslosenzahlen zu hören, während in einer komfortablen Wohnung Leute saßen, die nichts sehnlicher wünschten als ein Stück Brot.

Meine Frau war mit dem dritten Schub Rosinen fertig geworden, und auf den Gesichtern unserer Gastgeber zeigte sich Panik. Herr Spiegel füllte die Lücken in den Schüsseln mit Karamellen aus, aber die Lücken waren bald wiederhergestellt. Schließlich hatten wir seit dem frühen Morgen fast nichts zu uns genommen.

Die Salzstangen knirschten und krachten in meinem Mund, so dass ich kaum noch etwas vom Gespräch verstand. Während sie sich zu einer breiigen Masse verdickten, sicherte ich mir einen neuen Vorrat von Mandeln. Mit den Erdnüssen war es vorbei. Oliven gab es noch. Ich aß und aß. Die letzten Reste meiner sonst so vorbildlichen Selbstbeherrschung schwanden dahin. Ächzend und stöhnend stopfte ich mir in den Mund, was immer in meiner Reichweite lag. Meine Frau troff vor Karamellen und sah mich aus verklebten Augen anklagend an. Sämtliche Schüsseln auf dem niedrigen Glastischchen waren kahlgefegt. Auch ich war am Ende. Ich konnte nicht mehr weiter.

Als Herr Spiegel aus der Nachbarwohnung zurückkehrte und einen Teller mit Salzmandeln vor mich hinstellte, musste ich mich abwenden. Ich glaubte zu platzen. Der bloße Gedanke an Nahrungsaufnahme verursachte mir Übelkeit. Nur kein Essen mehr sehen. Nur, um Himmels willen, kein Essen mehr …

»Hereinspaziert, meine Herrschaften.«

Frau Spiegel hatte die Tür zum anschließenden Zimmer geöffnet. Ein weißgedeckter Tisch wurde sichtbar und ein Büfett mit viel kaltem Geflügel, mit Huhn und Truthahn, Gans und Ente, mit Saucen und Gemüsen und Salaten …

Der Rest ist Schweigen.

Fünf Sterne für eine Henkersmahlzeit

Die Premiere war vorüber. Nachdem wir in den Künstlergarderoben pflichtgemäß unsere Glückwünsche abgeliefert hatten, versammelten wir uns beim Bühnenausgang, um ernsthaft über die Dinge zu reden. Wir befanden uns in bester Stimmung, denn das Stück hatte einen einwandfreien Durchfall erlitten. Jetzt galt es, die Ursachen zu analysieren.

Plötzlich fragte Kunstetter (ich erinnere mich ganz genau, dass die Frage von Kunstetter kam): »Wie wär's, wenn wir eine Kleinigkeit miteinander essen gingen?«

Sein Vorschlag fand allgemeinen Beifall. Jemand empfahl das neu eröffnete »Balalaika«-Restaurant, das – wie schon der Name vermuten ließ – feinste französische Küche offerierte. Die Preise in einem solchen Lokal liegen zwar etwas über dem Durchschnitt, aber nach einem schlechten Stück will man wenigstens gut essen.

Schon rein äußerlich machte das »Balalaika« einen erstklassigen Eindruck. Die holzgetäfelten Wände waren mit Gobelins geschmückt, das Licht kam aus hohen Kerzenhaltern und die Kellner aus Südfrankreich. Sechs Tische wurden zusammengeschoben, und bei dieser Gelegenheit zeigte sich, dass unsere Gesellschaft aus mehr als zwanzig Personen bestand, darunter eine Anzahl völlig Unbekannter. Das ist schon so beim Theater. Gewisse Randfiguren des Betriebs hängen sich immer an die Berühmtheiten an.

Obwohl die Preise unsere schlimmsten Befürchtungen übertrafen, bestellten wir allerlei kalte und warme Horsd'œuvres und als Hauptgericht die Spezialitäten des Hauses. Alles schmeckte vorzüglich, der Wein war spritzig, die Konversation desgleichen, das Leben war schön, und zur Hölle mit kleinlicher Pfennigfuchserei.

Ich hatte gerade den letzten Bissen meines Steak au poivre mit einem kräftigen Schluck Pommard hinuntergespült, als meine Ehefrau, die beste von allen, mich am Ärmel zupfte.

»Ephraim«, flüsterte sie. »Schau!«

Tatsächlich: Einige Plätze am Tisch waren leer. Ihre Inhaber mussten sich nach Beendigung der Mahlzeit verflüchtigt haben. Insgesamt tafelten noch zwölf Personen.

»Die als Erste gehen, werden fallen«, lautet eine alte militärische Weisheit. Aber es ist nirgends die Rede davon, dass sie vorher zu zahlen haben …

Meine Blicke suchten den Oberkellner und fanden ihn. Er hatte sich in einer strategisch wichtigen Ecke platziert und stand in seinem einwandfreien Frack beinahe reglos da. Nur von Zeit zu Zeit hob er die buschigen Augenbrauen und machte Notizen.

Ich merkte, dass auch die Blicke der anderen auf ähnliche Art beschäftigt waren wie die meinen. Ihr sonderbares Flackern schien eine geheime Furcht auszudrücken, die sich nicht in Worte fassen lässt oder höchstens in die: »Wer wird das bezahlen?«

Die nächste Bestandsaufnahme ergab zehn Verbliebene. Im Schutz der intimen Kerzenbeleuchtung hatte ein weiteres Paar den Raum verlassen.

Immer schleppender wurde die Konversation, immer dumpfer die Spannung, die über der Tafel lag, kurz gesagt, der Blutdruck begann seinen Veitstanz. Niemand wagte, seinen Nachbarn anzusehen. Fast glaubte man das Klicken der inneren Registrierkassen zu hören, die den Preis der einzelnen Bestellungen zusammenrechneten.

Nach und nach richteten sich alle Augen auf Kunstetter. Rein moralisch betrachtet, müsste eigentlich er für die Rechnung aufkommen. Die Einladung war ja von ihm ausgegangen. Ein anderer wäre gar nicht auf die Idee gekommen, nach einem so miserablen Theaterabend auch noch ein kostspieliges Restaurant aufzusuchen. Wie hatte Kunstetter gesagt? »Kommt, meine Freunde«, hatte er gesagt, »kommt und speist mit mir!« Möglicherweise hatte er sogar hinzugefügt: »Ihr seid meine Gäste« oder etwas Ähnliches. Jedenfalls stand fest, dass er der Veranstalter des Unternehmens war. Und er war ein rechtschaffener Mann. Er würde zahlen. Bestimmt würde er zahlen. Oder?

Neun Augenpaare hefteten sich auf ihn, die Stirnschlagadern begannen zu pulsieren.

Kunstetter beendete mit nervenzermürbender Gelassenheit seine Mahlzeit und bestellte Kaffee. Wir hielten den Atem an. Hätte Kunstetter sich jetzt mit der Frage, ob jemand Kaffee wünsche, an die Runde gewandt, so hätte er sich damit eindeutig als Gastgeber deklariert und die finanzielle Verantwortung auf sich genommen.

Kunstetter tat nichts dergleichen. Gleichmütig schlürfte er seinen Kaffee und plauderte mit Madame Kunstetter. Unterdessen hatten noch ein paar Ratten das sinkende Schiff verlassen. Die Passagierliste war auf sieben verlorene Seelen geschrumpft.

Wer zahlt?

Längst waren alle Gespräche versickert. Dann und wann fiel eine kurze Bemerkung über den Terrorismus oder über das jüngste Ehescheidungsgerücht, aber das wahre Interesse der Anwesenden galt nur noch eben dieser Anwesenheit: Jede weitere Verminderung würde für die Zurückbleibenden ein Anwachsen der Zahlungsgefahr bedeuten, dessen waren sich alle bewusst.

Eine der Geiseln, Benzion Ziegler, erhob sich mit demonstrativer Gleichgültigkeit.

»Entschuldigen Sie mich bitte«, sagte er. »Ich muss einen dringenden Anruf machen.«

Ohne Hast, als wäre es das Selbstverständlichste von der Welt, schlug er die Richtung zu der nahe beim Ausgang gelegenen Telefonzelle ein.

Kalter Schweiß trat auf unsere Stirnen. Erst jetzt fiel uns auf, dass Ziegler ohne seine Frau gekommen war, was ihm erhöhte Bewegungsfreiheit gewährte.

Er kam nie zurück. Wochen später berichtete ein angeblicher Augenzeuge, dass Ziegler tatsächlich die Telefonzelle betreten und hernach zu unserem Tisch zurückgewinkt hätte, bevor er das Lokal verließ. Niemand hatte ihn winken gesehen. Hat er überhaupt gewunken? Und wenn er überhaupt gewunken hat: Was soll's?

Wer zahlt?

Die Runde bröckelte weiter ab, die dumpfe Spannung nahm weiter zu. Ich schätzte meine Systole auf 190 im Schatten und verfluchte die Unachtsamkeit, die meine Frau und mich verführt hatte, unsere Plätze so zu wählen, dass die Kellner in unserem Rücken standen und dass wir nicht sehen konnten, was sie dort planten. Wir waren in größter Gefahr, ihrer Verschwörung zum Opfer zu fallen. Jeden Augenblick konnte sich der Oberkellner von schräg seitwärts über mich beugen und mir die vornehm unter einer Serviette verborgene Rechnung zuschieben. Ich hatte keine Ausweichmöglichkeit. Ich war wehrlos.

Und dann geschah etwas Entsetzliches.

Mit dem Ausruf »Um Himmels willen!« sprang Kunstetter auf, wobei er einen besorgten Blick auf seine Uhr warf. »Unser Babysitter!«

Und eh wir uns dessen versahen, hatte er mit seiner Frau den Tisch verlassen.

Ingenieur Glick öffnete den Mund, als ob er ihm etwas nachrufen wollte, brachte aber nur ein unartikuliertes Gurgeln hervor und sank aschfahl in seinen Sessel zurück. Kunstetter war unsere letzte Hoffnung gewesen. Jetzt, nach seiner feigen Flucht, bestand die Zahl der Eingeschlossenen aus drei Ehepaaren: den Glicks, den Bar-Honigs und uns. Ich sah mich um. Der Oberkellner stand noch immer in seiner Ecke und fixierte uns unter buschigen Augenbrauen. Nie im Leben habe ich so buschige Augenbrauen gesehen.

Wie hoch die Rechnung wohl sein würde? Kalte und warme Vorspeisen, Steaks vom Grill, gepflegte Weine ...

Plötzlich begann Frau Bar-Honig mit ihrem Gatten polnisch zu reden. Man brauchte keinen Dolmetscher, um zu verstehen, worum es ging.

Ich war entschlossen, nicht nachzugeben. Wie zur Bekräftigung fühlte ich die Hand der besten Ehefrau von allen in der meinen. Es tut gut, in echten Stresssituationen, die uns das Schicksal auferlegt, nicht allein zu sein. Ich erwiderte ihren Händedruck. Wir wussten, dass jetzt der Kampf auf Tod und Leben begonnen hatte. Ein achtloser Schritt – und du bist verloren. Aufgepasst, alter Junge! Wer jetzt eine Andeutung innerer Schwäche erkennen lässt oder vielleicht gar eine kleine Gebärde macht, die der Ober als Zeichen von Zahlungswilligkeit missdeuten könnte, hat es sich selber zuzuschreiben. Vor meinem geistigen geröteten Auge tauchten die vielen tragischen Fälle auf, in denen ein Unschuldiger die Rechnung für eine ganze Gesellschaft zahlen musste, nur weil er unbedachterweise die Hand gehoben hat, um eine Fliege zu verscheuchen: Schon war mit einem Satz der Kellner da und drückte ihm den unheilvollen Wisch in die Hand. Also keine Handbewegung. Überhaupt keine Bewegung. Eiserne Ruhe nach außen hin. Drinnen 210 im Schatten.

Es ging auf drei Uhr früh zu. Obwohl unser Tisch

47

schon seit zwei Stunden als Einziger noch besetzt war, fühlten wir uns untereinander völlig isoliert. Niemand wollte es riskieren, den Aufbruch vorzuschlagen. Wer solches täte, würde unweigerlich die Aufmerksamkeit des Oberkellners auf sich ziehen und müsste die Rechnung zahlen.

Das – was war das? Bar-Honig und Ingenieur Glick sprachen plötzlich mit auffallender Lebhaftigkeit aufeinander ein, ihre Gattinnen unterbrachen sie, fielen ihnen und sich selbst ins Wort, steigerten das Gespräch zu immer größerer Intensität. Es war klar, was hinter dem Manöver steckte: Der Kellner musste sich auf den Weg zu unserem Tisch gemacht haben, und da die anderen so tief in ihr Gespräch verwickelt waren, würde er sich an mich als an den einzig Zugänglichen wenden.

Mir blieben nur noch wenige Sekunden. Mein Hirn arbeitete fieberhaft. Und dann hatte ich einen meiner bekannt genialen Einfälle. Ich würde die anderen glauben machen, dass ich tatsächlich bereit wäre, die Rechnung zu übernehmen, würde mittels einiger gezückter Geldscheine ihr Vertrauen gewinnen, und einer oder der andere würde sich schließlich dazu verleiten lassen, aus purer Formalität eine Floskel zu murmeln wie: »Nein … lassen Sie doch …« oder dergleichen. Zu seiner namenlosen Bestürzung würde ich daraufhin mit einem eilfertigen »Bitte sehr, ganz wie Sie wünschen!« die Rechnung an ihn weiterschieben und würde zusammen mit meiner Frau sofort verschwinden. Diese Endspielvariante ist allgemein als

»Bukarester Gambit« bekannt, weil sie von einem dortigen Industriellen anlässlich einer Silvestereinladung zum ersten Mal praktiziert wurde.

Ich wandte mich also halb um und rief laut und deutlich: »Herr Ober! Die Rechnung bitte!«

Die Ehepaare Bar-Honig und Glick verstummten augenblicklich und lehnten sich erleichtert zurück, während ich mit unnachahmlicher Eleganz meine Brieftasche hervorzog und scheinbar unbeteiligt auf den Effekt des Bukarester Gambit wartete.

Diesmal versagte es kläglich. Weder Glick noch Bar-Honig rangen sich auch nur zu einem Ansatz jener guten Manieren durch, die man von halbwegs zivilisierten Menschen erwarten darf. Sie saßen stumm und mit gesenkten Augen, nur ihre Nasenflügel vibrierten ein wenig, das war alles. Um die Mundwinkel Ingenieur Glicks glaubte ich sogar ein schäbiges Lächeln spielen zu sehen, aber das war wohl schon eine Fiebervision, wie sie auf einen zum Untergang Verurteilten mit einem Blutdruck von 230 eindringt.

Mit zwei Fingern lüftete ich die Serviette, gerade weit genug, um die Endsumme der Rechnung ins Blickfeld zu bekommen.

Sie belief sich auf ein Vermögen.

»Bitte nur zu unterschreiben, Monsieur«, flüsterte der Kellner. »Herr Kunstetter hat alles auf sein Konto setzen lassen.«

Ich krallte meine freie Hand ins Tischtuch. Nie werde ich Kunstetter diese Nacht verzeihen. Nie. Warum hat er das getan? Warum hat er uns stundenlang

49

in qualvollen Ängsten schmoren lassen? Was für ein sadistischer Schuft muss er sein, um auf eine solche gesundheitsgefährdende Tücke zu verfallen!

Gleichmütig signierte ich die Rechnung, steckte meine Brieftasche wieder ein und verließ den Tisch, ohne mich nach den schäbigen Schnorrern umzusehen, die in starrer Bewunderung dasaßen. Jetzt hatten sie endlich einmal gesehen, wie ein echter Gentleman sich als Herr der Lage zeigte.

Mein Ruf ist seither enorm gestiegen. Auch Sie werden schon davon gehört haben. »Man kann« – so heißt es immer wieder –, »man kann über Kishon sagen, was man will: Aber großzügig ist er. Wirklich großzügig.«

Durch den Kakao gezogen

Mein Sohn, dieser Glückspilz, hat auch meine sonderbarsten Eigenschaften geerbt. Amir, unser rothaariger Tyrann, aß ebenso ungern wie sein Vater, als er noch Kind war. Wenn er überhaupt kaute, dann nur an seinem Schnuller.

Erfahrene Mütter hatten uns geraten, ihn hungern zu lassen, das heißt, ihm so lange nichts zu essen zu geben, bis er reumütig auf allen vieren zu uns gekrochen käme. Wir gaben ihm also einige Tage lang nichts zu essen, und davon wurde er tatsächlich so schwach, dass wir auf allen vieren zu ihm krochen, um ihm etwas Nahrung aufzudrängen.

Schließlich brachten wir ihn zu einem führenden Spezialisten, einer Kapazität auf dem Gebiet der Kleinkind-Ernährung. Der weltberühmte Professor warf einen flüchtigen Blick auf Amir und fragte, noch ehe wir etwas sagen konnten: »Isst er nicht?«

»Nein.«

»Dabei wird's auch bleiben.«

Nach kurzer Untersuchung bestätigte der Fachmann, dass unser Sohn ein hoffnungsloser Fall sei. Amirs Magen besaß die Aufnahmefähigkeit eines Vögleins. Die finanzielle Aufnahmefähigkeit des Professors war ungleich größer. Wir befriedigten sie.

Von da an versuchten wir mehrmals am Tag, Amir mit Gewalt zu füttern, ganz im Sinne des Bibelworts, das da lautet: »Im Schweiße deines Angesichts sollst du dein Brot essen.« Ich muss allerdings gestehen, dass weder ich noch die beste Ehefrau von allen dafür die erforderliche Geduld aufbrachten.

Zum Glück hatte sich mein Schwiegervater der Sache angenommen und seinen ganzen Ehrgeiz entwickelt, Amir zur Nahrungsaufnahme zu bewegen. Er erzählte ihm fantastische Geschichten, über die Amir vor Staunen den Mund aufriss – und dabei vergaß er, dass er nicht essen wollte. Ein genialer Einfall, aber leider keine Dauerlösung.

Eines der Hauptprobleme hörte auf den Namen »Kakao«. Dieses nahrhafte, von Vitaminen und Kohlehydraten strotzende Getränk schien uns für Amirs physische Entwicklung unentbehrlich. Deshalb schloss Großpapa sich abends mit Amir ins Kinderzimmer ein, und als er nach einigen Stunden erschöpft und zitternd herauskam, konnte er stolz verkünden:

»Heute hat er's schon fast auf einen halben Becher gebracht.«

Die große Wende kam im Sommer. Eines heißen Abends, als Großpapa das Kinderzimmer verließ, zitterte er zwar wie gewohnt, aber diesmal vor Aufregung.

»Denkt euch nur, er hat den ganzen Becher ausgetrunken!«

»Nicht möglich«, riefen wir beide. »Wie hast du das fertiggebracht?«

»Ich hab ihm gesagt, dass wir Papi hereinlegen werden.«

»Wie das? Bitte drück dich etwas deutlicher aus.«

»Ich hab ihm gesagt: Wenn er brav austrinkt, füllen wir nachher den Becher mit lauwarmem Wasser und erzählen dir, dass Amir schon wieder alles stehen gelassen hat. Daraufhin wirst du wütend und machst dich selbst über den vollen Becher her. Und dann freuen wir uns darüber, dass wir dich hereingelegt haben.«

Ich fand diesen Trick ein wenig primitiv. Auch halte ich es nicht für pädagogisch ideal, wenn ein Vater, der ja schließlich eine Respektsperson sein soll, sich von seinem eigenen Kind zum Narren halten lässt. Erst durch mütterliche Überredungskunst – »Hauptsache, der Kleine trinkt seinen Kakao« – ging ich auf das Spiel ein. Großpapa ging ins Badezimmer, füllte den Becher mit lauwarmem Wasser und zeigte ihn mir.

»Amir hat schon wieder keinen Tropfen getrunken!«

»Das ist ja unerhört«, schrie ich in brillant gespielter Empörung. »Was glaubt der Kerl? Er will diesen herrlichen Kakao nicht trinken? Gut, dann trink ich ihn eben selbst.«

Amirs Augen hingen mit erwartungsvollem Glitzern an meinem Mund, als ich den Becher ansetzte. Ich enttäuschte ihn nicht.

»Pfui Teufel!«, rief ich nach dem ersten Schluck. »Was ist das für ein abscheuliches Gesöff? Brrr!«

»Reingefallen, reingefallen!«, jauchzte Amir, sprang in die Luft und konnte sich vor Freude nicht fassen.

Es war ein wenig peinlich, aber um seine Mutter zu zitieren: »Hauptsache, das Kind trinkt seinen Kakao.«

Am nächsten Tag war's die gleiche Geschichte: Opa brachte mir einen Becher lauwarmes Wasser, Amir hat nichts getrunken, was glaubt der Kerl, herrlicher Kakao, pfui Teufel, brrr, reingefallen, reingefallen. Und von da an wiederholte sich die Prozedur Tag für Tag.

Nach einiger Zeit funktionierte sie sogar ohne Großpapa. Amirs Entwicklung machte eben Fortschritte. Nun kam er schon selbst mit dem Wasserbecher, unerhört, herrlicher Kakao, pfui Teufel, brrr, reingefallen, Luftsprung.

Mit der Zeit begann ich mir Sorgen zu machen.

»Liebling«, fragte ich meine Frau, »ist unser Kind vielleicht dumm?«

Es war mir nämlich nicht ganz klar, was sich in seinem Kopf abspielte. Vergaß er jeden Abend, was am Abend zuvor geschehen war? Hielt er mich für schwachsinnig, dass ich seit Monaten auf denselben Trick hereinfiel?

Die beste Ehefrau von allen fand wie immer die richtigen Trostworte: Was der Kleine denkt, ist unwichtig, wichtig ist, was er trinkt.

Es mochte ungefähr Mitte Oktober gewesen sein, als ich – vielleicht aus purer Zerstreutheit, vielleicht aus unterschwelligem Protest – die üble Flüssigkeit ohne jedes »unerhört« und »brrr« direkt in die Toilette schüttete.

Das sehen und in Tränen ausbrechen war für Amir eins.

»Pfui, Papi«, schluchzte er. »Du hast ja nicht einmal gekostet.«

Jetzt war es mit meiner Selbstbeherrschung vorbei.

»Ich brauche nicht zu kosten«, herrschte ich meinen Nachkommen an. »Jeder Trottel kann sehen, dass es nur Wasser ist.«

Ein durchdringender Blick Amirs traf mich.

»Lügner«, sagte er leise. »Warum hast du dann bisher immer gekostet?«

Das war die Entlarvung. Amir wusste, dass wir Abend für Abend ein idiotisches Spiel veranstaltet hatten. Wahrscheinlich hatte er's von Anfang an gewusst.

Unter diesen Umständen war es unnötig, die lächerliche Prozedur fortzusetzen.

»Doch«, widersprach die beste Ehefrau von allen. »Es macht ihm Spaß. Hauptsache, das Kind …«

Im November führte Amir eine kleine Textänderung ein. Wenn ich ihn bei Überreichung des Bechers fragte, warum er seinen Kakao nicht getrunken hätte, antwortete er:

»Ich habe nicht getrunken, weil das kein Kakao ist, sondern Leitungswasser.«

Eine weitere Schwierigkeit trat im Dezember auf, als Amir sich angewöhnte, die Flüssigkeit vor meiner Kostprobe mit dem Finger umzurühren. Die Zeremonie wurde mir immer mehr zuwider. Schon am Nachmittag wurde mir übel, wenn ich mir vorstellte, wie das kleine, rothaarige Ungeheuer am Abend mit dem Becher Leitungswasser angerückt kommen würde.

Alle anderen Kinder trinken Kakao, weil Kinder eben Kakao trinken. Nur mein eigenes Kind ist so fürchterlich missraten …

Gegen Ende des Jahres geschah etwas Rätselhaftes. Ich weiß nicht, was da in mich gefahren war: An jenem Abend nahm ich aus meines Sohnes Hand den Becher entgegen, und statt das eklige Zeug in weitem Bogen auszuspucken, trank ich ihn aus. Ich erstickte beinahe, aber ich trank.

Amir stand entgeistert daneben. Als die Schrecksekunde vorüber war, schaltete er höchste Lautstärke ein.

»Wieso?«, schrillte er. »Warum trinkst du das?«

»Was heißt da warum und wieso?«, gab ich zurück. »Hast du mir nicht gesagt, dass du heute keinen Tropfen Kakao getrunken hast? Und hab ich dir nicht gesagt, dass ich den Kakao dann selbst trinken werde? Also?«

In Amirs Augen funkelte unverkennbarer Vaterhass. Er drehte sich um, ging zu Bett und weinte die ganze Nacht. Es wäre wirklich besser gewesen, die Komödie vom Spielplan abzusetzen. Aber davon wollte meine Frau nichts wissen.

»Hauptsache«, erklärte sie, »dass er seinen Kakao trinkt.«

So vollzog sich denn das Kakao-Spiel erbarmungslos Abend für Abend, immer zwischen sieben und halb acht.

Als Amir seinen fünften Geburtstag feierte, gab es eine kleine Zeitverschiebung. Er hatte ein paar

Freunde einladen dürfen, mit denen er sich mitsamt dem berüchtigten Becher ins Kinderzimmer zurückzog. Gegen acht Uhr wurde ich ungeduldig und wollte ihn zur Abwicklung unseres Rituals herausrufen. Als ich an der Tür war, hörte ich ihn sagen: »Jetzt muss ich ins Badezimmer gehen und lauwarmes Wasser holen.«

»Warum?«, fragte sein Freund Gilli.

»Mein Papi will es so haben.«

»Warum?«

»Weiß nicht. Jeden Abend dasselbe.«

Der gute Junge – in diesem Augenblick wurde es mir klar – hatte die ganze Zeit geglaubt, dass ich es sei, der das Kakao-Spiel brauchte. Und er hat nur meinetwegen mitgespielt.

Am nächsten Tag zog ich Amir an meine Brust und ins Vertrauen: »Sohn«, sagte ich, »es ist Zeit, mit diesem Unsinn aufzuhören. Schluss mit dem Kakao-Spiel. Wir wissen beide, woran wir sind. Komm, lass uns etwas anderes erfinden.«

Das Schrei- und Heulsolo, das er daraufhin anstimmte, war im ganzen Wohnviertel zu hören. Und was ich erst von meiner besten Ehefrau zu hören bekam …

Die Vorstellung ging weiter. Es gab keine Rettung. Manchmal rief Amir, wenn die Stunde kam, aus dem Badezimmer: »Papi, kann ich dir schon das Leitungswasser bringen?«, und ich begann daraufhin sofort, meinen Teil des Dialogs herunterzuleiern, unerhört, herrlicher Kakao, pfui Teufel, brrr … Es war zum Verzweifeln. Als Amir eines Abends ein wenig Fieber hatte und im Bett bleiben musste, ging ich selbst ins Badezimmer, füllte den Becher und trank ihn aus.

»Reingefallen, reingefallen«, rief Amir durch die offene Tür.

Schließlich hatte er sogar meinen Text übernommen. Wenn er mit dem gefüllten Becher aus dem Badezimmer herauskam, murmelte er vor sich hin: »Amir hat schon wieder keinen Tropfen getrunken, das ist ja unerhört, was glaubt der Kerl ...« und so weiter bis brrr.

Ich kam mir immer überflüssiger vor. Die Hauptsache aber war, dass das Kind ...

Der Kohlrabi schlägt zurück

Sehen wir den Dingen ins Auge: Nicht das Steak, nicht der Braten, nicht einmal die brühheiße Suppe stellen die heiklen Punkte in den alltäglichen Essgewohnheiten dar, sondern der Trend, sich das Essen überhaupt abzugewöhnen. Mich persönlich beunruhigt die allgemeine Bereitschaft, leckere Marzipantorten auf dem Altar der Bikinis und der Kragenweiten zu opfern.

Der moderne Mann, das heißt einer, der sich im Schwimmbad noch zeigen kann, träumt nicht mehr vom Spanferkel, sondern davon, dass seine Kleider um ihn schlottern, er zählt nicht die Rosinen in seinem Apfelstrudel, sondern die Löcher in seinem Gürtel.

»Ephraim«, fragte mich eines Tages die beste Ehefrau von allen. »Ephraim, bin ich dick?«

»Nein, Frau«, antwortete ich, »du bist nicht dick.«

»Aber du bist dick.«

»Meinst du? Dann muss ich dir aber sagen, dass du noch viel dicker bist.«

In Wahrheit ist niemand von uns beiden »dick« im eigentlichen Sinne des Wortes. Die beste Ehefrau von allen mag vielleicht an einigen Ecken und Enden ihres Körpers gewisse Rundungen aufweisen, und was mich betrifft, so sehe ich von hinten manchmal ein wenig schwammig aus. Aber das sind eher persönliche Eindrücke als das Gebot der Waage.

Trotzdem und für alle Fälle nahmen wir mit einer der Gewichtsüberwachungsstellen Kontakt auf, wie sie heute aus dem Boden schießen. Die Freundinnen meiner Frau erzählen Wunderdinge von diesen Kontrollstationen, die dem leichten Leben der Schwergewichtler ein Ende setzen. Zum Beispiel haben sie das Gewicht eines stadtbekannten Friseurs derart verändert, dass er jetzt 40 kg wiegt statt 150, und ein Theaterdirektor kam in zwei Monaten von 90 kg auf minus 10.

Wir wurden von einer Direktrice und einem spindeldürren Dozenten in Empfang genommen. Noch wenige Monate zuvor, so berichteten seine hingerissenen Schüler, wurden zwei Sitzplätze frei, wenn er aus dem Autobus ausstieg. Heute tritt er gelegentlich in einem Kindertheater als Gespenst auf.

Der Dozent machte uns umgehend mit der Vorgangsweise bekannt: Für jeden Abmagerungskandidaten wird eine eigene Akte angelegt. Gegen geringe Aufzahlung wird er einmal wöchentlich einer mündlichen Gehirnwäsche unterzogen und bekommt ein schriftliches Menü. Man muss nicht gänzlich auf Nahrungsaufnahme verzichten, man muss nur bestimmte Dinge aufgeben einschließlich der Geschmacksnerven. Kein Brot, kein Weißgebäck, keine Teigwaren, keine Butter. Nichts, was Fett, Stärke oder Zucker enthält. Stattdessen Kohlrabi in jeder beliebigen Menge, ungesäuertes Sauerkraut und aus dem Wasser gezogenen Fisch. Zwei Gläser Milch pro Tag. Keinerlei sportliche Betätigung, weil sie den Appetit anregt. Besonders empfohlen: einmal wöchentlich eine Stunde lang ausgestreckt auf dem Boden liegen und dazu lauwarmes Wasser trinken. Nach Ablauf von sieben Tagen wird man auf der Kontrollstelle gewogen, und wenn man kein Gewicht verloren hat, ist man selber schuld und soll sich schämen. Hat man Gewicht verloren, wird man anerkennend gestreichelt.

»Ausgezeichnet«, sagte ich. »Wir sind sehr zärtlichkeitsbedürftig.«

Die Direktrice führte uns in einen anderen Raum, wo wir eine Waage besteigen mussten, ohne Schuhe und ohne Armbanduhren. Das Resultat war niederschmetternd.

»Es tut mir leid«, sagte die Direktrice. »Sie können das erforderliche Übergewicht nicht aufweisen.«

Mir wurde schwarz vor Augen. Nie hätte ich geglaubt, dass man uns wegen einer solchen Formalität das Recht auf Abmagerung nehmen würde. Schließlich fehlten mir nur drei Kilo zu einem amtlich beglaubigten Fettwanst, und meine Frau, wenn auch von kleiner Statur, wäre mit einem Zuschlag von eineinhalb Kilo ausgekommen. Aber die Gewichtsüberwacher ließen nicht mit sich handeln.

So kehrten wir nach Hause zurück und begannen alles zu essen, was verboten war. Zwei Wochen später meldeten wir uns wieder auf der Kontrollstation, in der begründeten Hoffnung, dass unserer Aufnahme nun nichts mehr im Wege stünde. Zur Sicherheit hatte ich meine Taschen mit 50 Pfund in kleinen Münzen vollgestopft.

»Herzlich willkommen«, sagte die Direktrice, nachdem sie uns gewogen hatte. »Jetzt kann ich eine Akte für Sie anlegen.«

Hierauf gab uns der Dozent seine Anweisungen.

»Drei große Mahlzeiten täglich. Sie dürfen sich nicht zu Tode hungern. Sorgen Sie für Abwechslung. Wenn Ihnen das Sauerkraut über wird, wechseln Sie zum Kohlrabi und umgekehrt. Hauptsache: kein Fett, keine Stärke, kein Zucker. Kommen Sie in einer Woche wieder.«

Sieben Tage und sieben Nächte lang hielten wir uns sklavisch an die Vorschriften. Unser Käse war weiß und mager, unser Brot war grün von den Gurken, die es durchsetzten, unser Sauerkraut war sauer.

Als wir am achten Tag die Waage bestiegen, hatten wir beide je 200 g zugenommen, und das mit leeren Taschen. »So etwas kann passieren«, äußerte der Dozent. »Sie müssen etwas strenger mit sich sein.«

In der folgenden Woche aßen wir ausschließlich Kohlrabi, der uns in eigenen Lieferwagen direkt vom Güterbahnhof zugestellt wurde. Und wirklich: Wir hatten nicht zugenommen. Allerdings auch nicht abgenommen. Wir stagnierten. Der Zeiger der kleinen Waage, die wir für zu Hause angeschafft hatten, blieb immer an derselben Stelle stehen. Es war ein wenig enttäuschend.

In einer alten Apotheke in Jaffa entdeckte die beste Ehefrau von allen eine ungenaue Waage, aber dort stand die halbe weibliche Bevölkerung Schlange. Außerdem käme auf der Kontrollstation ja doch die Wahrheit heraus.

Allmählich begann ich zu verzweifeln. Sollten wir für alle Ewigkeit bei unserem jetzigen Gewicht stecken bleiben? Wieso hatte meine Frau nicht abgenommen? Für mich selbst gab es ja eine Art Erklärung für dieses Phänomen: Mir war zu Ohren gekommen, dass ich Nacht für Nacht in die Küche schlich, um mich dort im Untergrund über größere Mengen von Käse und Würstchen herzumachen.

Die Rache des Kohlrabi, zu dem ich in den folgenden Wochen zurückkehrte, ließ nicht lange auf sich warten.

In der siebenten Woche unserer Qual, die siebente Woche ist bekanntlich die kritische, fuhr ich mitten in der Nacht ans dem Schlaf hoch. Ich verspürte ein unwiderstehliches Bedürfnis nach dem betörenden Geruch und Geräusch von brutzelndem Fett. Ich musste unbedingt sofort etwas Gebratenes essen, wenn ich nicht verrückt werden wollte. Ich war bereit, für ein paar lumpige Kalorien einen Mord zu begehen. Der bloße Gedanke an die Buchstabenfolge »Baisers mit Cremefüllung« ließ mich erzittern. Fiebervisionen von Kohlehydraten suchten mich heim. Ich glaubte, den Begriff der Kohlehydrate in körperlicher Gestalt zu sehen: ein süßes, anmutiges Mädchen, das in einem weißen Brautkleid und mit wehendem Goldhaar über eine Wiese lief.

»Kohlehydrate!«, rief ich hinter ihr her. »Warte auf mich, Kohlehydrate. Ich liebe dich! I love you!, Je t'aime! Ja tibja ljubljin! Bleib bei mir, Kohlehydrate!«

In der nächsten Nacht hatte ich sie tatsächlich eingeholt. Ich glitt aus dem Bett, schlich in die Küche, leerte einen vollen Sack Popcorn in eine Pfanne mit siedendem Öl, streute Unmengen von Zucker darüber und verschlang das Ganze auf einen Sitz. Und das war nur der Beginn des Kalorien-Festivals. Gegen Mitternacht stand ich am Herd, um Birnen zu braten, als plötzlich neben mir die fragile Gestalt der besten Ehefrau von allen auftauchte. Mit geschlossenen Augen näherte sie sich dem Wäschekorb und entnahm ihm etwa ein Dutzend Tafeln Schokolade, die sie sofort auswickelte. Auch mir gab sie davon, und ich zermalmte sie mit wohligem Grunzen.

Mittendrin erwachte mein Abmagerungsinstinkt. Ich kroch zum Telefon und wählte die Nummer der Überwachungszweigstelle:

»Kommen Sie schnell … schnell … sonst essen wir … Schokolade …«

»Wir kommen sofort«, rief am anderen Ende der Dozent. »Wir sind schon unterwegs …«

Bald darauf hielt mit kreischenden Bremsen das Auto der Gewichtsüberwacher vor unserem Haus. Sie brachen durch die Tür und stürmten die Küche, wo wir uns in Haufen von Silberpapier, gebratenen Obstüberbleibseln und flüssiger Creme herumwälzten. Eine halbe Tafel Schokolade konnten sie noch retten. Alles andere hatte den Weg in unsere Mägen gefunden und hatte uns bis zur Unkenntlichkeit aufgebläht.

Der Dozent nahm uns auf die Knie, rechts mich, links die beste Ehefrau von allen.

»Macht euch nichts draus, Kinder«, sprach er väterlich. »Ihr seid nicht die Ersten, denen das passiert. Schon viele unserer Mitglieder haben in wenigen Stunden alles Gewicht, das sie in Jahren verloren hatten, wieder zugenommen. Lasset uns von vorne anfangen.«

»Aber keinen Kohlrabi«, flehte ich mit schwacher Stimme. »Ich beschwöre Sie, keinen Kohlrabi.«

»Dann«, so der Dozent, »seien es Karotten …«

Wir haben die Reihen der überwachten Gewichtsabnehmer verlassen. Wir waren völlige Versager …

Na und? Gut genährte Menschen haben bekanntlich den besseren Charakter, sie sind freundlich, großzügig und den Freuden des Daseins zugetan, sie haben, kurzum, mehr vom Leben. Was sie nicht haben, ist Kohlrabi und Sauerkraut. Aber das lässt sich verschmerzen.

Feine Hausmannskost

Wir haben ein Einzelabonnement für die Philharmonischen Konzerte, das wir abwechselnd benutzen. Einmal geht meine Frau ins Konzert, und ich bleibe zu Hause. Nach einiger Zeit tauschen wir: Ich gehe Freunde besuchen, und sie geht ins Konzert.

So geschah es auch beim letzten Abonnementkonzert der Saison, das ich zu einem Besuch bei den Wechslers nutzte. Ich mag die Wechslers sehr. Gideon ist ein bekannter Architekt, Ilona ist in der physikalischen Forschungsabteilung der Universität beschäftigt. Kein Wunder, dass sich unsere Tischgespräche auf hohem Niveau bewegen.

Gerade als Gideon über ferngesteuerte Raketen zu sprechen begann, brachte Ilona das Tablett mit dem Nachtisch herein. Jeder von uns bekam eine große rosa Torte mit gelber Füllung und dazu zwei kleine Schokoladenschnitten. Wir machten uns genießerisch darüber her.

»Wie schmeckt's dir?«, fragte Gideon.

»Sehr gut«, antwortete ich.

Gideons Gesicht verfinsterte sich.

»Sehr gut nennst du das, nichts weiter? Es ist fantastisch.«

»Fantastisch«, bestätigte ich schnell. »Ich habe noch nie im Leben eine so fantastische Torte gegessen. Diese gelbe Füllung ist ein Traum.«

Ilona errötete bis in ihre intellektuellen Haarwurzeln und servierte den Kaffee. So gerne ich unser Gespräch über Ilonas Forschungsgebiet, nämlich »Einsteins Quantentheorie für optische Effekte« fortgesetzt hätte, ein Seitenblick Gideons machte mir klar, dass ich die Hausfrau zuerst für den Kaffee loben müsse.

»Das ist der beste Kaffee, den ich jemals getrunken habe«, sagte ich mit Nachdruck. »Ich wusste gar nicht, dass es so ein Aroma gibt.«

»Du übertreibst«, wehrte Ilona ab.

»Eher im Gegenteil. Ich komme einem völlig neuen Kaffeegefühl auf die Spur.«

»Wieso?«, fragte Gideon.

»Mein Sprachvermögen reicht für eine Begründung nicht aus. Der Kaffee ist einfach pyramidal. Arabesk! Pytagor! Synagog! Kann ich noch einen Fingerhut voll haben?«

Nicht, dass der Kaffee schlecht gewesen wäre. Es war ein ganz normaler Kaffee, heiß und flüssig, vielleicht ein wenig schwach und ohne rechten Geschmack, aber Kaffee. Ilona kam mit der Eiscreme und dem Fruchtsalat.

»Wie ist das Eis?«, fragte Gideon.

»Ein Meilenstein in der Entwicklung der Eisgeschichte. Ein kulinarisches Meisterwerk. Möge der Allmächtige die Hände segnen, die es geschaffen haben.«

»Und der Fruchtsalat?«, fragte Gideon.

Schon öffnete ich den Mund zu einer neuen Lobeshymne, da durchzuckte mich der Gedanke: Vorsicht! Wenn man nichts als Superlative verwendet, werden sie unglaubwürdig. Es war jetzt besser, ein wenig zu nuancieren.

»Der Salat«, sagte ich und legte die Stirn in nachdenkliche Falten, »der Salat schmeckt ein wenig säuerlich.«

Die Wirkung meiner Worte war verheerend. Ilona krümmte sich, als hätte sie jemand mit siedendem Wasser begossen, sprang auf und rannte schluchzend in die Küche. Gideon folgte ihr.

Eine Viertelstunde verging. Ich war allein mit meinen Gedanken. Was spielte sich wohl draußen in der Küche zwischen den beiden Eheleuten ab?

Gideon kam zurück, bleich und am ganzen Körper zitternd.

»Du gehst jetzt besser nach Hause«, sagte er tonlos.

Als ich der besten Ehefrau von allen mein Erlebnis schilderte, sah sie mich kopfschüttelnd an.

»So etwas kann natürlich nur dir passieren.« In ihrer Stimme war keine Spur von Mitleid. »Jeder halbwegs feinfühlige Mensch an deiner Stelle hätte sofort gewusst, was los war.«

»Was war los?«

»Du weißt es immer noch nicht?«

»Nein.«

»Denk nach«, sagte die beste Ehefrau von allen. »Ilona hat alles fertig gekauft und nur den Fruchtsalat selbst gemacht.«

Die Leberwurst-Affäre

Seit jeher war Kunstetter derjenige Theaterkritiker, auf den die Bezeichnung »Monstrum« in höherem Maße zutraf als auf irgendeinen seiner Kollegen. Nach jeder Premiere öffneten die Menschen mit erwartungsvollem Grauen ihre Zeitungen, um zu erfahren, ob es ihm gestern Abend im Theater gefallen hatte oder nicht. Was immer I.L. Kunstetter schrieb, kam einem Gottesurteil gleich. Wenn Kunstetter schrieb, dass es eine gute Vorstellung war, strömten die Leute ins Theater (es sei denn, dass sich das Gegenteil herumsprach und niemand hineinging). Wenn Kunstetter eine Aufführung verriss, konnte ihr nichts mehr helfen (es sei denn, sie war gut, und die Leute gingen hinein). Und dabei blieb es Jahr um Jahr: Der Kritiker kritisierte, die Theaterdirektoren zitterten, und die Dramatiker veröffentlichten von Zeit zu Zeit unter Decknamen oder in Form von Leserbriefen wilde Angriffe auf Kunstetter, die nur zu seinem Ruhm und Ansehen beitrugen.

Eines Abends jedoch geschah es.

Kunstetter saß beim Abendessen und griff, Gourmet der er war, nach einem Stück frischer Leberwurst, einem Erzeugnis der Firma »Leberwurst & Sohn GmbH«. Kaum hatte er den ersten Bissen gekostet, spuckte er ihn auch schon in weitem Bogen aus und wandte sich an Frau Kunstetter, seine Gattin.

»Das soll Leberwurst sein? Das ist getrockneter Dünger! Darüber werde ich schreiben. Ich werde so darüber schreiben, dass die Firma Leberwurst & Sohn GmbH bis ans Ende ihrer Tage daran denkt!«

Kunstetter, ein Mann der raschen Entschlüsse, nahm unverzüglich an seinem Schreibtisch Platz und verfasste unter dem Titel »Ein Skandal, der zum Himmel stinkt« die folgende Glosse (wobei er sorgfältig darauf achtete, keine allzu kräftigen Ausdrücke zu gebrauchen).

»Seit einiger Zeit würgt die wehrlose Bevölkerung unseres Landes an einem widerwärtigen Nahrungsmittel, das seine Hersteller in betrügerischer Absicht als ›Leberwurst‹ bezeichnen. Nur skrupellose Verbrecher, die den letzten Rest ihrer Menschenwürde durch wilde Geldgier ersetzt haben, vermögen ein derart ekelerregendes Abfallprodukt auf den Markt zu werfen. Wir sind sicher, dass die Konsumenten unseres Landes, deren guter Geschmack sprichwörtlich ist, dieses unverdauliche Zeug boykottieren und es ohne jeden Umweg in den Mülleimer befördern werden. Pfui, pfui und abermals pfui!«

Kunstetter rief einen Botenjungen und schickte seine Leberwurst-Kritik an die Redaktion, wo sie automatisch zum Druck befördert wurde und am nächsten Tag erschien. Üblicherweise wäre die Sache damit erledigt gewesen. Diesmal aber kam es anders. Leberwurst & Sohn GmbH verklagte den überraschten Kritiker, die Presse spielte den Fall hoch, und der Leberwurst-Prozess machte Schlagzeilen. Alsbald bildeten sich zwei Lager: Die einen verteidigten Kunstetters Recht, die Leberwurst, sofern er sie schlecht fand, zu verreißen, schließlich herrscht ja in unserem Land noch Pressefreiheit, und jeder kann für sich entscheiden, ob er an das Urteil des Kritikers glauben will oder nicht. Auf der anderen Seite standen jene, denen die von Kunstetter verrissene Leberwurst ausgezeichnet geschmeckt hatte. Es gab noch eine dritte, kleinere Gruppe, die mit Kunstetter grundsätzlich übereinstimmte, den Tonfall seiner Kritik jedoch zu lau fand.

Kunstetter selbst hielt über das plötzlich aktuell gewordene Thema einen Vortrag in der Künstler-Vereinigung.

»Diese Leberwurst«, rief er in den Saal, »ist eine Infamie. Sie stinkt. Sie hat keinen Nährwert. Sie ist verdorben und verrottet. Sie ist ein Skandal. Sie ist überhaupt keine Leberwurst!«

Nach Beendigung des Vortrags wurde Kunstetter unter dem Schutz dreier Bodyguards nach Hause gebracht, da man Anschläge auf sein Leben befürchtete. Eintrittskarten zu seinem Prozess wurden auf dem Schwarzmarkt zu Höchstpreisen verkauft. Als das Verhör begann, herrschte im Gerichtssaal atemlose Stille.

Richter: »Herr Kunstetter, bekennen Sie sich schuldig?«

Kunstetter: »Nein. Im Gegenteil, ich bedaure, keine stärkeren Ausdrücke gebraucht zu haben, um dieses ungenießbare ...« (Die nun folgenden Ausdrücke wurden aus dem Protokoll gestrichen.)

71

Richter: »Warum haben Sie Ihre gegen die Leberwurst gerichtete Kritik veröffentlicht?«

Kunstetter: »Weil ich meiner Meinung Ausdruck verleihen wollte.«

Richter: »Betrachten Sie sich als Fachmann?«

Kunstetter: »Jawohl. Ich esse seit zwanzig Jahren regelmäßig Leberwurst.«

Richter: »Sind Sie mit dem Herstellungsprozess vertraut?«

Kunstetter: »Was hat das eine mit dem anderen zu tun? Der Herstellungsprozess kann einwandfrei sein, und das Produkt ist trotzdem – wenn Euer Ehren den Ausdruck gestatten –« (Der Ausdruck wurde aus dem Protokoll gestrichen.)

Richter: »Hätten Sie über die Leberwurst auch geschrieben, wenn sie Ihnen geschmeckt hätte?«

Kunstetter: »Warum sollte ich über eine normale Leberwurst schreiben?«

An dieser Stelle richtete der Anwalt der Firma Leberwurst & Sohn GmbH an den Beklagten die Frage, ob er vor dem Verriss der Leberwurst Erkundigungen bei anderen Konsumenten eingezogen hätte. Nach der überheblich verneinenden Antwort beschloss das Gericht die Einvernahme einer Reihe von Zeugen, die je eine Scheibe der auf dem Richtertisch als Beweisstück liegenden Leberwurst verzehrten und sie sehr schmackhaft fanden.

Kunstetter: »Eine völlig dilettantische Einstellung. Auch Coca-Cola gehört zu den beliebtesten Getränken der Welt, obwohl es wie Abwaschwasser schmeckt.«

Richter: »Ich stelle fest, dass das lediglich Ihre persönliche Meinung ist.«

Kunstetter: »Natürlich ist es meine persönliche Meinung. Ich kann ja nicht mit dem Mund anderer Leute essen und trinken. Jede Meinung ist persönlich. Andere Leute mögen an dieser Leberwurst Geschmack finden. Mir verursacht sie Übelkeit.«

Richter: »Sind Sie bereit, das zu beeiden, Herr Kunstetter?«

Kunstetter: »Dazu bin ich bereit.«

Der erzürnte Kritiker legte seine rechte Hand auf die Bibel und erklärte mit lauter Stimme, dass »die in Rede stehende Leberwurst ein minderwertiges, unverdauliches und in jeder Hinsicht verabscheuungswürdiges Erzeugnis sei, das den Ernährungsstandard unseres Landes empfindlich herabsetzt und schädigt«. Die Überzeugungskraft, mit der er diese Erklärung abgab, nötigte selbst seinen Gegnern Respekt ab. Kunstetter, das mussten sie zugeben, machte durchaus den Eindruck eines ehrlichen, unerschrockenen Mannes, der entschlossen war, eine von ihm für richtig befundene Ansicht bis in den Tod zu verteidigen.

Die allgemeine Stimmung schien auf einen vollen Freispruch hinzudeuten. Während sich das Gericht zur Beratung zurückzog, wurde Kunstetter von seinen Anhängern umringt und zu seinem moralischen Triumph beglückwünscht. Er nahm die zahlreichen Sympathiebekundungen mit selbstbewusstem Lächeln entgegen.

Das Gericht verurteilte ihn wegen böswilliger Verleumdung und schwerer Geschäftsschädigung zu zwei Jahren Gefängnis auf Bewährung und zur Zahlung eines Schadenersatzes von 15 000 Pfund.

»Es gibt kein Gesetz«, hieß es in der Urteilsbegründung, »das einem Bürger gestatten würde, öffentlich seine Meinung darüber zu äußern, ob eine bestimmte Leberwurst gut oder schlecht ist. Eine solche Meinungsäußerung würde den Erzeugern der betreffenden Leberwurst schweren Schaden zufügen. Maßgebend ist allein der Geschmack und das Urteil des überwiegenden Teils der Konsumenten. Wenn jeder Privatmann das Recht hätte, durch Publikation seiner persönlichen Vorlieben und Abneigungen die Öffentlichkeit zu beeinflussen, so könnte das über kurz oder lang zum Ruin der gesamten Leberwurst-Industrie führen.«

Kunstetter legte Berufung ein. Die von der Firma Coca-Cola angestrengte Klage kommt in wenigen Wochen zur Verhandlung, die Leberwurst-Affäre bleibt vorläufig in der Schwebe. Aber Kunstetter verreißt keine Leberwurst mehr. Er hebt sich seine Verrisse für das Theater auf.

Feuerschlucker lieben Suppen

Ich liebe Suppen.

Sicher, auf die massiven sozialen Veränderungen haben derlei gastronomische Lappalien keinen Einfluss. Aber ihre menschliche Bedeutung sollte man nicht unterschätzen.

Soweit ich sehen kann, ist die Menschheit in zwei rivalisierende Lager geteilt: Das eine Lager nimmt vor der Hauptmahlzeit eine Suppe zu sich, das andere nicht. Daneben gibt es noch ein paar Außenseiter, die eine Suppe bereits als Hauptmahlzeit empfinden. Zu dieser kleinen, aber fanatischen Schar gehöre auch ich. Aus einer edlen Consommé mit zarten, goldenen Fettäuglein duften mir alle Wohlgerüche kulinarischer Poesie entgegen, und schwimmen gar noch zwei oder drei Leberknödelchen darinnen, dann ist für mich der Gipfel der Kochkunst erreicht. Die Sache hat nur einen einzigen Haken: Suppen sind heiß. Sie sind nicht nur heiß, sie sind – um die volle Wahrheit zu sagen – viel zu heiß. Immer viel zu heiß.

Diese Feststellung ist das Ergebnis langjährigen Forschens und harter persönlicher Erfahrung. Noch nie und noch nirgends, sei es in Restaurants, in Privathäusern, in Klöstern oder wo immer, bin ich einer Suppe begegnet, die nicht schon beim ersten Löffel im Mund und auf der Zunge Blasen erzeugt hätte, wie sie bei Verbrennungen dritten Grades aufzutreten pflegen. Es ist eine wahrhaft höllische Situation. Die Suppe steht vor dir, dampfend, wohlriechend, appetitlich, alle deine Magensäfte und Magennerven sind auf sie eingestellt, freuen sich auf sie, lechzen nach ihr – und können sie nicht genießen, weil sie zu heiß ist und dir den Gaumen verbrennt.

Ich wurde mit diesem Problem bereits im Alter von drei Jahren konfrontiert. Es war eine knallrote Tomatensuppe, die mir die ersten Brandwunden meines Lebens zufügte. Damals machte mich meine gute Mutter mit dem altehrwürdigen Ritual des Umrührens vertraut, und seither rühre ich um, manchmal so lange, bis mein rechter Arm durch einen Muskelkrampf gelähmt wird.

Wenn ich nicht irre, war es in dem freundlichen, für seine Gulaschsuppe berühmten Städtchen Kiskunfélegyháza, als sich diese berühmte Gulaschsuppe durch mein Umrühren in eine kompakte, zementartige Masse verwandelte, aus der sich der Löffel nicht mehr herausziehen ließ. Es war ein fürchterliches Erlebnis.

Derartige Erlebnisse haben mich zu einem scheuen, schreckhaften, introvertierten Kind gemacht. Mein ganzes junges Leben lang sehnte ich mich nach einer Suppe mit genießbarer Temperatur, aber meine Sehnsucht blieb unerfüllt. Jede Suppe, die ich bekam, war zu heiß. Aus großen, verstörten Augen blickte ich in die Welt und fragte: »Warum?«

Es kam keine Antwort.

Sie ist noch immer nicht gekommen. Offenbar haben sich die Menschen mittlerweile an den vulkanischen Ursprung der Suppe und damit auch an die Tätigkeit des Umrührens gewöhnt. Sie betreiben es automatisch, mit jenem geistesabwesenden Gesichtsausdruck, den man bei Sträflingen auf ihrem Rundgang im Gefängnishof beobachten kann. Nach konservativen Schätzungen verbringt jeder Mensch insgesamt ein Jahr seines Lebens mit dem Umrühren von Suppen. Das bedeutet einen Verlust von Millionen Arbeitsstunden für die Volkswirtschaft. Und was tut die Regierung? Sie erhöht die Steuern.

Ein einziges Mal in meinem Leben, ich werde ewig daran denken, es war ein kleines italienisches Gasthaus, ein einziges Mal wurde mir eine Suppe serviert, die man tatsächlich sofort essen konnte. Eine Minestrone. Sie war nicht zu heiß, sie war warm, sie war gerade richtig, vielleicht war sie schon in dieser Temperatur aus der Küche gekommen, vielleicht hatte der geriebene Parmesan, den ich darüber gestreut hatte, eine Temperatursenkung bewirkt, ich weiß es nicht und werde es nie erfahren. Kaum hatte ich den ersten Löffel zum Mund geführt, sprang der Kellner auf mich zu und riss mir den Teller weg.

»Die Suppe ist irrtümlich nicht gewärmt worden. Entschuldigen Sie, Signor.«

Als er sie zurückbrachte, konnte ich sein Gesicht nicht sehen, weil es von dichten Dampfwolken verhüllt war. Und als ich den ersten Löffel der gewärmten Suppe an die Lippen setzte, ließ ich ihn mit einem leisen Schmerzensschrei fallen. Die Flüssigkeit ergoss sich auf das Tischtuch. Ein kleines Brandloch blieb zurück.

Und zu Hause? Wenn eine Fliege die Unvorsichtigkeit begeht, ihren Weg über den Topf zu nehmen, in dem die beste Ehefrau von allen eine Suppe kocht, fällt das bedauernswerte Insekt mit versengten Flügeln hinein wie einst Ikarus, als er der Sonne zu nahe kam.

Aus der Physikstunde wissen wir, dass Wasser bei 100 Grad Celsius kocht. Die Pilzsuppe, die ich neulich zu Mittag serviert bekam, hatte eine Temperatur von 150 Grad im Schatten.

»Warum, um Himmels willen, machst du die Suppe immer so heiß?« lautet meine ständige, ebenso verzweifelte wie erfolglose Frage am Beginn jeder Mahlzeit. »Suppen müssen heiß sein«, antwortet stereotyp die beste Ehefrau von allen. »Wenn sie dir zu heiß ist, rühr um.«

Manchmal in meinen Träumen erscheint mir der Neandertaler, wie er zwei Steine gegeneinanderschlägt und das Feuer entdeckt. Und wenn die Flamme hochzüngelt, lallt er mit wulstigen Lippen: »Suppe … Suppe …«

Aber ich gebe nicht auf. Ich setze meinen Kampf gegen dieses Tabu fort. Im Restaurant versäume ich niemals, dem Kellner, bei dem ich die Suppe bestelle, laut und deutlich einzuschärfen: »Bitte nicht zu heiß. Bitte keine brodelnde Suppe. Die Suppe soll in der Küche kochen, nicht auf dem Tisch.«

Der Kellner sieht glasigen Blicks durch mich hindurch, verschwindet, kehrt hinter einer Feuersäule zurück und stellt sie vor mich hin.

»Ich habe Sie doch gebeten, mir keine brennend heiße Suppe zu servieren!«

Aus Rauchschwaden dringt die Stimme des Kellners an mein Ohr.

»Heiß? Das nennen Sie heiß?«

Wenn ich ihn bitte, das nachzuprüfen und den Finger hineinzustecken, lehnt er ab. Begreiflich. Der Mann braucht die Hand für seinen Beruf und kann keine Brandwunden riskieren.

Neuerdings versuche ich es mit Eiswürfeln, die ich gleichzeitig mit der Suppe bestelle, oder ich gieße ein wenig kaltes Bier in den Teller. Natürlich ist es dann keine Suppe mehr, es ist eine übelriechende Flüssigkeit von undefinierbarer Farbe und ebensolchem Geschmack, aber sie ist wenigstens nicht zu heiß.

So werde ich älter und älter, die Kummerfalten in meinem Gesicht werden tiefer, mein einstmals aufrechter Gang ist gebückt von der Last des vergeblichen Kleinkriegs. Ich habe fast alles erreicht, was ich erreichen wollte, Erfolg, Ruhm und Anerkennung, die Liebe der Frauen, den Neid meiner Kollegen. Nur eines ist mir versagt geblieben – eine nicht zu heiße Suppe.

Ein Denkmal für den Spinat

Ich war, in einer Beziehung jedenfalls, kein Kind wie alle anderen. Ich aß nämlich Spinat für mein Leben gern. Vielleicht leuchteten mir die Spielregeln nicht ein. Vielleicht war auch der Spinat daran schuld, weil er so gut schmeckte. Wie dem auch sei, meine Eltern waren verzweifelt: Jedes normale Kind hasste Spinat. Und ihr eigen Fleisch und Blut liebte ihn. Es war eine Schande.

Immer wenn bei uns daheim Spinat auf den Tisch kam und ich meine gute Mutter um eine zweite Portion der grünen Delikatesse bat, wies sie mich scharf zurecht: »Da, bitte sehr! Aber du musst bis zum letzten Löffel aufessen. Oder du bekommst von Mami auf deinen du-weißt-schon-wohin du-weißt-schon-was!«

»Natürlich esse ich alles bis zum letzten Löffel auf«, antwortete ich. »Es schmeckt mir ja.«

»Nur schlimme Kinder essen keinen Spinat.« Meine Mutter sprach unbeirrt weiter. »Spinat ist sehr gut für dich. Es gibt wirklich nichts Gesünderes als Spinat. Und du willst doch gesund sein? Also lass dir ja nicht einfallen, zum Spinat ›pfui‹ zu sagen.«

»Aber Mami, ich ess ihn doch so gern.«

»Du wirst ihn aufessen, ob du ihn gern isst oder nicht! Brave Kinder müssen Spinat essen. Keine Widerrede!«

»Warum müssen sie?«

»Weil sie sonst in die Ecke gestellt werden, bis Papi nach Hause kommt. Und was dann passiert, kannst du dir denken. Also, iss deinen Spinat schön auf. Na, wird's bald?«

»Ich mag nicht!«

Es war die natürliche Reaktion des kindlichen Gemüts auf einen unverständlichen Zwang. Damit hatte ich meine Mutter genau dort, wo sie mich haben wollte. Und als mein Vater nach Hause kam, fand er sie in Tränen aufgelöst.

»Siehst du?«, schluchzte sie. »Hab ich dir nicht immer gesagt, du verwöhnst ihn zu sehr?«

Mein Vater versetzte mir daraufhin ein paar schallende Ohrfeigen, und wir hatten endlich ein normales Familienleben.

Von da an hasste ich Spinat wie alle anderen Kinder, und meine Eltern waren beruhigt.

Vergangener Appetit

»Können Sie uns ein gutes Restaurant empfehlen?«, fragten wir den Portier unseres Amsterdamer Hotels, als es Zeit zum Abendessen wurde.

Wir waren sehr hungrig, die beste Ehefrau von allen und ich. In den letzten drei Tagen hatten wir ein holländisches Restaurant nach dem andern ausprobiert, wobei wir uns teils nach unserem Instinkt richteten und teils nach den Preisen der am Eingang ausgehängten Speisekarten. Die Preise trogen uns nur selten, der Instinkt fast immer. So hatte zum Beispiel unsere letzte Mahlzeit aus hauchdünn geschnittenen Scheiben rohen Fleisches bestanden. Eine holländische Spezialität, wie uns versichert wurde. Deshalb waren wir ja so hungrig.

Und deshalb beschlossen wir, uns endlich ein normales, ausgiebiges Menü zu gönnen.

»Wenn Sie wirklich gut essen wollen«, sagte der Portier, »empfehle ich Ihnen ein indonesisches Restaurant.«

Ich hielt es für meine Pflicht, ihn aufzuklären.

»Indonesien, lieber Herr, unterhält keine diplomatischen Beziehungen mit unserem Land.«

»Aber die hiesigen Indonesier sind brave Leute«, beharrte er. »Sie schätzen ausländische Touristen.«

Na schön, dann sollten sie uns haben. Wir machten uns auf den Weg zum bestempfohlenen Restaurant »Bali«, reihten uns in die Schlange der draußen Wartenden ein und wurden, als wir endlich eintreten durften, von einem indonesischen Empfangschef begrüßt. Er hieß, wie ein an seinem Jackettaufschlag befestigtes Kärtchen bekanntgab, Max Fleischmann und führte uns nicht etwa an einen Tisch, sondern bat uns, an der Bar Platz zu nehmen. Sobald ein Tisch frei wäre, würde er uns rufen, in zehn oder längstens fünfzehn Minuten.

Wir nahmen Platz an der Bar und betrachteten, nur dann und wann vom Knurren unserer Mägen abgelenkt, das dicht gefüllte Lokal. Es war über die Maßen vornehm eingerichtet, mit girlandengeschmückten Bambusmatten, allerlei exotischen Pflanzen und diskreten Kerzen in kunstvoll verschlungenen Haltern – so richtig das, wofür die internationale Küche den Ausdruck »schischi« geprägt hat. Zwischen den Tischen huschten auf lautlosen Sandalen viele kleine Indonesier umher, in folkloristische Pyjamas gekleidet, die Köpfe von gebatikten Taschentüchern umhüllt. Es war sehr schön.

Als uns der Indonesier Fleischmann nach längstens einer halben Stunde an einen Tisch wies, wurde uns von einem sofort herbeigehuschten Pyjama die Menükarte ausgehändigt, ein exzessiv großes, in südbalinesischem Dialekt gehaltenes Schriftstück, auf dem es von Ausdrücken wie »Kroepoek«, »Gado-gacho«, »Nasigoreng«, »Orang-Utan« und dergleichen wimmelte. Aus unserer Ratlosigkeit erlöste uns Max durch die Mitteilung, dass alle diese Speisen ausgegangen wären und dass wir uns eine »Rijstafel à la Bali« bestellen sollten, die Spezialität des Hauses und ein typisch indonesisches Gericht. Mir fiel auf, dass es zugleich das teuerste Gericht des gesamten Angebots war, aber ich bestellte es trotzdem.

In Sekundenschnelle war unser Tisch von weiteren vier Tischen umstellt, jeder mit der gebührenden Anzahl Kerzen und auf jedem ungefähr ein Dutzend flacher Schüsselchen voll des köstlichsten Inhalts. Da gab es braungebratene Hühnerbrüste in dunkler Sauce, da gab es geräucherte Zunge und gebackene Fischfilets, Krustentiere und Sardinen, Broccoli und Gurken, Bananenscheiben und Ananasringe, Süßes und Saures und eine Vielfalt paradiesischer Düfte.

»Aahh«, seufzte im Vorgeschmack der kulinarischen Genüsse die beste Ehefrau von allen. »Das ist der Ferne Osten in seiner ganzen überquellenden Pracht. Man weiß gar nicht, wo man anfangen soll. Vielleicht nehme ich zuerst eine Schildkrötensuppe … dann die pikant gewürzten Champignons … dann eine Melone mit ausgelösten Krebsschwänzen … dann …«

In diesem Augenblick trat ein Kellner mit rosafarben verbundenem Kopf an uns heran und entzog die Tische mit den Schüsseln unserem Zugriff.

»Ich anlichten Speisen wie in Indonesien«, verkündete er lächelnd, fistelnd und unter mehrfachen Verbeugungen. »Dankesön.«

Damit klatschte er einen Löffel Reis in die Schildkrötensuppe, tat ein paar Scheiben roter Rübe und grüner Gurke dazu, ließ einen Zwiebelring folgen, den er durch ein Näpfchen mit Zimt gerollt hatte, und krönte sein Werk mit einer in Honig getauchten Morchel.

»He!«, rief ich dazwischen. »Wir keine Indonesier! Wir Islaelis! Möchten alles extla! Nicht zusammen! Extla!«

»Speisen anlichten wie in Indonesien gut«, war die von tiefen Bücklingen begleitete Antwort. »Ich anlichten. Dankesön.«

Während die beste Ehefrau von allen verzweifelt zusah, wie ihr gebackener Fisch in Tomatenketchup getränkt und mit senfbestrichenen Ananasscheiben bedeckt wurde, griff ich blitzschnell nach einer noch unversehrten Hühnerbrust und versteckte sie unter meiner Serviette.

Zu spät. Der Rosafarbene hatte mich gesehen, nahm mir das Huhn wieder weg und tauchte es zur Strafe in die heiße Schokolade.

Mit geschlossenen Augen wandten wir uns von dem aufgehäuften Unheil ab.

»Bitte Lechnung«, sagte ich tonlos.

»Nicht essen?«, fragte unverändert lächelnd der Kellner. »Dankesön.«

Er zog einen indonesischen Block hervor und bedeckte ihn mit deutlich lesbaren arabischen Ziffern.

»Kaffee?«, fragte er noch.

»Nein, dankesön.«

Ich zahlte. Von der Tür her sah ich ihn unsre beiden Teller behutsam in die Küche zurücktragen. Wahrscheinlich zerlegten sie dort das Angelichtete in seine Bestandteile und verteilten es wieder auf die einzelnen Schüsseln, getreu dem alten Grundsatz »Teile und herrsche«. Das müssen sie, obwohl die Holländer ihre Kolonialherren waren, von den Engländern gelernt haben, den Erfindern des »Divide and rule«, des warmen Porridge und des warmen Biers.

Petersilie ist lustig

Der Schreiber dieser Zeilen nimmt zeit seiner Ehe einen wesentlichen Teil der Haushaltspflichten auf sich. Vorausgesetzt, dass er daheim ist und nicht im Ausland. Das ist wahrscheinlich einer der Gründe, warum ich Weltreisen so gern habe. Nicht, dass ich etwas gegen Männer im Haushalt hätte. Im Gegenteil, es gibt verschiedene Haushaltspflichten, die ich ehrlich mag, zum Beispiel einkaufen. Das war schon immer eines meiner geheimen Hobbys. Hin und wieder schlage ich meiner Frau am Frühstückstisch vor, dass sie aufs Finanzamt gehen soll, während ich den Kramladen an der Ecke aufsuche, um Vorräte einzukaufen. In der Regel akzeptiert sie mein Angebot; nicht etwa, weil sie an Steuerproblemen so interessiert ist, sondern weil sie auf dem Standpunkt steht, dass es Männersache ist, schwere Pakete nach Hause zu schleppen. Zugegeben, wenn ich einkaufen gehe, sind die Pakete besonders schwer. Ich bin einfach nicht in der Lage, Viktualien, egal in welcher Form oder Farbe, zu widerstehen. Speziell, wenn diese Viktualien Form und Farbe von Salami annehmen. Die meisten Ladenbesitzer erkennen meine Schwäche im Handumdrehen und nutzen sie in der schamlosesten Weise aus.

Vor einigen Jahren gab es gegenüber von uns ein Delikatessengeschäft. Als ich dort zum ersten Mal einkaufen ging, ersuchte ich Joseph um 100 Gramm Mortadella.

»Gern, mein Herr«, sagte Joseph höflich, »150 Gramm Mortadella.«

Bevor ich noch gegen diese willkürliche Ausweitung meines Kaufgesuchs protestieren konnte, hatte er schon eine massive Portion der würzigen Kostbarkeit auf der Waage.

»Ein kleines bisschen über 200 Gramm. In Ordnung?«

»In Ordnung.«

»Genau genommen sind es 320 Gramm«, erklärte Joseph. »Was dagegen, wenn ich 400 Gramm abwiege? Nein? Hab ich mir doch gleich gedacht. Wenn Sie sich bitte zur Kasse bemühen würden. Sie bezahlen genau ein halbes Kilo Mortadella.«

Nach sechs Monaten dieser Geschäftsbeziehung erreichten unsere Verkaufsgespräche einen Grad außerordentlicher Konzentration.

»Ich hätte gern 100 Gramm Limburger Käse«, teilte ich Joseph mit, worauf dieser den ganzen Block auf die Waage warf und mich fragte: »Könnten es eineinhalb Kilo sein?«

Mit der Zeit haben Joseph und seine Brüder ihr Geschäft aufgegeben, oder besser gesagt, sie wurden von einem Riesensupermarkt verschlungen. Ich persönlich bin kein Freund von Supermärkten, vor allem deshalb, weil ich mir da drinnen immer vorkomme, als würde ich einen Kinderwagen schieben, eine Tätigkeit, die nicht unbedingt meiner Lebensphilosophie entspricht.

Wir waren daher überglücklich, ich und die übrigen Ehemänner unserer Nachbarschaft, als der alte Petschik auf einem Ruinengelände hinter dem Supermarkt ein kleines Lebensmittelgeschäft eröffnete, um für die spärlichen Individualisten der Gegend eine Alternative zu bieten. Petschik und sein Kramladen haben sich über Nacht zum Lieblingsaufenthalt der vereinigten Ehemänner unseres Wohnblocks entwickelt.

Ich möchte nun ein aufwühlendes Erlebnis schildern, das mir bei Petschik zuteilwurde. Die beste Ehefrau von allen tritt zwar in diesem Ensemble nicht auf, aber ein Ehemann sollte doch auf gewisse Rechte in seinem eigenen Buch pochen dürfen. Abgesehen davon, gäbe es mich nicht, hätte sie selber zu Petschik gehen müssen.

Die folgende Geschichte kann also als eine Art von Umwelterforschung betrachtet werden, aber auch als Nebenerscheinung der Frauenemanzipation oder beides oder keins von beidem oder vice versa oder was weiß ich.

Es ist müßig zu sagen, dass »Chez Petschik« ein eher ungemütliches Etablissement ist, mit etlichen wirr eingeräumten Regalen innen sowie einigen Körben Obst und Gemüse davor. Dass dieses Mini-Unternehmen in unserer modernen Zeit überleben kann, ist vermutlich der Tatsache zuzuschreiben, dass Männer das Schlangestehen vor einer elektronischen Registrierkasse erniedrigend finden. Und bei Petschik gibt es keine Kasse, nur Petschik. Ein weiterer Vorteil gegenüber dem Supermarkt ist der absolute Mangel

an Auswahl. Denn bei Petschik gibt es nur die aller-
nötigsten Waren und auch die nur zu Wochenbeginn.

Der alte Petschik selbst ist Angehöriger eines aus-
sterbenden Stammes: ein freundlicher Bulgare mit wenig Launen und vielen falschen Zähnen. Übrigens waren es die Zähne, die das Drama ins Rollen brachten.

Es war ein Morgen wie jeder andere. Herr Blum
fischte eingelegte Gurken aus einer rostigen Blechdo-
se, Dr. Shapiro, der Junggeselle, besprach mit Herrn
Geiger, dem Wirrkopf, die Vor- und Nachteile diver-
ser Waschpulver, und Frau Sowieso, als Repräsentan-
tin des schwachen Geschlechts, vertiefte sich gerade
in eine Tomatenkiste.

Da erschien der Fremde. Ein hochgewachsener,
bebrillter Mensch mit einer rabenschwarzen Aktenmappe unterm Arm. Wir Stammkunden tauschten ir-
ritierte Blicke. Was will der hier, fragten wir uns, warum geht er nicht in den Supermarkt?

Der Fremde steuerte direkt auf Petschik zu und
kommandierte: »200 Gramm Trüffelpastete und 150
Gramm geräucherten Truthahn.«

Uns verschlug es die Sprache. Wo glaubte der
Mann denn zu sein, in einem Delikatessengeschäft?

»Hab ich nicht«, sagte der alte Petschik scheuen
Blicks, »keine Paste ... kein Truthahn.«

Der Fremde hob eine Augenbraue. »Kein Truthahn? Also, was haben Sie stattdessen zu bieten?«

»Eine Zahnbürste ... bulgarischen Schafskäse ...«

Der alte Petschik hat, wie erwähnt, viele falsche
Zähne. Sowohl zu ebener Erde als auch im ersten

Stock. Diese Zähne erzeugen den ungewollten Eindruck, dass er ständig lacht. Auch wenn ihm gar nicht danach zumute ist. Es sind einfach die Zähne.

»Also gut«, sagte der Fremde, »dann geben Sie mir eine Schachtel Camembert.«

»Hab ich leider nicht … kein Kamberger …«, und wieder blitzten die großen falschen Zähne.

»Bier?«

»Nur Sodawasser.«

»Cola?«

»Nein.«

Der Fremde verlor die Beherrschung. »Verdammt«, fluchte er, »was gibt's denn überhaupt in diesem Scheißladen?«

»Oliven«, murmelte der alte Petschik zitternd. »Petersilie …«

Seine ängstliche Verlegenheit förderte immer mehr lächelnde Zähne zutage. Der Fremde starrte ihn an.

»Sie!«, knarrte er. »Können Sie mir sagen, was da so komisch ist?«

»Petersilie …«

»Ich frage, was ist an Petersilie so komisch?«

»Der Name«, griff ich ein. »Finden Sie nicht auch, dass er einen merkwürdigen Klang hat? Petersilie.«

Ich musste einfach in die Bresche springen. Der alte Petschik stand hilflos mit dem Rücken zum Heringsfass, seine Augen fixierten in stummem Schrecken den Fremden, der ihn mit seiner Brille und der schwarzen Aktenmappe zu bedrohen schien. Unter uns Petschik-Fans entstand plötzlich echte Solidarität.

Jeder von uns war bereit, dem Alten in seiner schweren Stunde beizustehen.

Der Eindringling wandte sich mir zu. Petschik seufzte erleichtert auf.

»Komisch?«, bellte der Fremde. »Was soll an Petersilie komisch sein?«

Sofort eilte mir Geiger zu Hilfe. »Sogar der Anblick von Petersilie ist komisch«, behauptete er, »erinnert irgendwie an einen winzigen Regenschirm, den der Sturm umgedreht hat.«

Herr Blum brach in ein irres Gelächter aus und holte ein Bündel aus seiner Einkaufstasche, um den Fall zu demonstrieren.

»Bei uns daheim wird über Petersilie immer sehr gelacht«, teilte er mit. »Sie hat so einen kitzelnden Geruch …«

»Genau«, pflichtete Frau Sowieso bei, »Petersilie ist unheimlich amüsant.«

»Sehr richtig«, nahm Shapiro das Stichwort auf, »der Ursprung des Wortes ist das altgriechische ›Petroselinon‹. Das bedeutet: ›einen Stein zum Lachen bringen‹.«

Der Fremde warf Shapiro einen zweifelnden Blick zu, aber offensichtlich konnte er nicht Griechisch.

»Wollen Sie uns weismachen«, schoss ich dazwischen, »dass Sie den epochemachenden Essay von Jones nie gelesen haben: ›Humor von Petersilie bis Peter Sellers‹?«

»Nein«, sagte der Fremde, sich an seine Aktenmappe klammernd, »ich glaube nicht …«

Es stellte sich heraus, dass er uns Profis wehrlos ausgeliefert war. Ich legte einen Arm um seine Schultern und nahm ihn zur Seite, während sich der gesamte Petschik-Club um uns versammelte. Ich wage die Behauptung, dass es noch nie so viel Einigkeit unter Menschen gegeben hat.

»Im Mittelalter«, belehrte ich den Eindringling, »nannte man die Pflanze ›Kichergrün‹. Sie war eines der seltensten Gewächse der Welt. Die Monarchen Europas pflegten ein Bündel davon mit purem Gold aufzuwiegen.«

»Daher«, dozierte mein gelehrter Kollege Shapiro, »spricht man heute noch von ›petrifizieren‹, wenn man Werte für die Ewigkeit aufbewahren will.«

Der Fremde zerbröckelte vor unseren Augen. »Ich«, stotterte er, »ich habe die einschlägige Literatur nicht gründlich durchgearbeitet …«

»Undenkbar«, rief ich, von kreativem Schaffensdrang beflügelt, »Sie müssen doch zumindest den populären Vers kennen: ›Frau Wirtin pflanzte eine Lilie, / doch was dann wuchs, war Petersilie. / Was konnte man da machen?/ Die Wirtin samt Familie, / sie wälzte sich vor Lachen.‹«

»Natürlich«, Geiger trat wieder in Aktion, »kennen Sie die klassische Anekdote, wie sich zwei Petersilien in der Eisenbahn treffen …«

Der Fremde brach zusammen. »Verzeihung«, murmelte er, »ich hab eine dringende Verabredung …« Er ergriff die Flucht.

Wir waren wieder allein mit Petschik und seinen

missverstandenen Zähnen. Der Alte – Gott segne ihn – blickte verständnislos in die Runde. Er hatte nicht die leiseste Ahnung, worum es hier gegangen war.

»Weißt du was, Petschik«, sagte ich, »jetzt will ich so ein Bündel ›Kichergrün‹.«

Alle schüttelten sich vor Lachen. Frau Sowieso kamen sogar die Tränen. Die Wände wackelten, die Nachbarschaft wurde munter …

Vielleicht ist wirklich etwas Wahres daran, dass Petersilie lustig ist.

Zigeunerschnitzel auf
»Fremde-Gattin-Art«

Das kleine Wirtshaus lag weit außerhalb der Stadt. Unser Gastgeber, stellvertretender Protokollchef des ungarischen Kultusministeriums oder irgendetwas dergleichen, hatte mit Absicht keines der internationalen Restaurants von Budapest ausgewählt, um mir und meiner Gattin ein intimes, zwiebelreiches Abendessen bieten zu können. Leider verzichtete er auch auf die übliche Motorradeskorte der Polizei, was die beste Ehefrau von allen aufrichtig bedauerte.

»Schade«, bemerkte sie enttäuscht, »Motorräder sind schick.«

Der kleine Gasthof war mit den Fahnen Israels und Ungarns liebevoll geschmückt. Die ungarischen Fahnen hatten den materiell-dialektischen Evolutionsprozess der letzten Jahre in allen seinen historischen Phasen bereits durchlaufen: Kapitalismus – Marxismus – Sozialismus – Kommunismus – Kapitalismus.

Die rotweißgrünen Fahnen waren nicht nur von Hammer und Sichel befreit, sie hatten auch kein Loch mehr in der Mitte.

Die Vertreter der neugeborenen, freien ungarischen Presse umschwärmten mich und die Allerbeste. Es herrschte eine ausgesprochen glückliche Atmosphäre. Der in die Fremde verirrte Sohn, ich meine mich, kehrt mit vorbildlichem ungarischem Akzent und einer hebräischen Ehefrau heim.

Beides sollte mir aber schon sehr bald zum Verhängnis werden.

Den heimischen nationalen Paprikáscsirka mit Gurkensalat hatten wir bei stimmungsvoller Zigeunermusik hinter uns gebracht, und mein blendend informierter Gastgeber aus dem Kultusministerium oder irgendetwas dergleichen hatte mich soeben seiner Wertschätzung für den Wohlklang meines neuen Requiems versichert, als die beste Ehefrau von allen ihren Blick vom angeknabberten Hühnerbein hob und mir zuflüsterte: »Vorsicht, er kommt!«

Denn schon hatte der diensthabende Zigeunerprimas, das berühmte lüsterne Lächeln der Mona Lisa im Gesicht, geradewegs Kurs auf uns genommen. Sein Geigenbogen zielte direkt auf meine Brusttasche, um meine finanzielle Befindlichkeit höchstpersönlich zu prüfen. Ich wäre wohl besser Tourist geblieben, statt mit meiner ungarischen Muttersprache zu prahlen.

»Bravo, das ist dir gelungen«, zischte mir meine Frau durch die Nockerln zu. »Jetzt haben wir ihn am Hals.«

Begreiflicherweise hat sie als stolze Wüstentochter keine allzu intime Beziehung zur ungarischen Folklore. Ein schmeichelnder Zigeunerprimas im Ohr macht sie schnell nervös, insbesondere beim Hauptgericht. Ich selbst liebe Zigeunermusik. Was mich nervös machte, war Mona Lisas Lächeln.

Um jedem Missverständnis vorzubeugen: Wir beide schätzen die Zigeuner. Sehr sogar. Diesem ehrwürdigen Volk ist es gelungen, seine Eigentümlichkeit bis heute zu bewahren und die meistverfolgte Nation der Menschheitsgeschichte zu bleiben. Nach uns Juden natürlich. Aber ein zweiter Platz ist auch schön.

Die unerreichte Begabung der Zigeuner ist jedoch damals wie heute ihre Musikalität. Sie können keine Noten lesen, und doch spielen sie Geige schon vor ihrer Geburt wie die Engel. Bei besonderen Gelegenheiten sind sie sogar bereit zu singen. Und dies war leider eine solche Gelegenheit.

»Szeretnék május éjcakáján letépni minden orgonát«, flötete der Primas meiner orientalischen Frau ins Ohr. Das verführerische Lied sang vom Flieder, den man in lauen Mainächten pflücken möchte ... Aber im Nahen Osten kennt man keinen Flieder, vor allem nicht mit Wildbretsoße.

»Ephraim«, stieß meine Frau mich an, »tu doch was.«

»Was?«, flüsterte ich. »Was?«

Ja, hier hatten wir es wieder, das uralte gastromusikalische Problem. Seit Menschengedenken kleben in jedem renommierten Restaurant die Magyaren dem Primas einen Geldschein auf die Stirn. Welch schöne Tradition. Die Sache hat jedoch zwei Haken: Klebt man, spielt der Primas weiter, um zu zeigen, dass er nicht des Trinkgeldes wegen spielt. Klebt man nicht, spielt der Primas so lange, bis er das Trinkgeld kriegt, um weiterzuspielen. Es gibt politische Lagen, für die es keine Lösung gibt.

»Schau ihn nicht an«, flüsterte meine Frau. »Lass uns ganz schnell streiten!«

»Worüber?«

»Egal, über Eselfleisch in der Salami zum Beispiel.«

Aus dem Stegreif entwickelten wir ein lautstarkes Streitgespräch in der melodischen Sprache der Bibel. Keine Chance. Natürlich kannte der Primas diesen alten Trick und ging unbeirrt zum »Megugrattak Hortobágyon a karámbol egy csikot« über, einem höchst beliebten Lied über junge Pferde, das sich allerdings in Beduinenkreisen noch nicht ganz durchgesetzt hat.

Währenddessen strebte das Festgelage seinem kulinarischen Höhepunkt zu. Da verriet uns unser Gegenüber, ein ausgefuchster Verleger, der Geiger sei kein anderer als der Primas Rajko Sandor XVI. Meine Frau vermutete sofort, dass diese Tatsache mindestens sechzehn Lieder zur Folge haben würde. Rajko pfiff das Orchester herbei und ließ Nummer fünf anstimmen. Wir waren umzingelt.

Ich sah mich um und entdeckte deutliche Anzeichen von Schadenfreude in den donaublauen Augen meiner Gastgeber. Seit der Primas an unserem Tisch vor Anker gegangen war, konnten sie endlich ungestört essen.

»Mein Guter«, flüsterte mir meine Frau zu, »jetzt sollst du erleben, was ein echter Profi ist!«

Und sie erzeugte in null Komma nichts einen solch überdimensionalen Hustenanfall, dass die Kronleuchter über uns zu schwanken begannen. Die beste Ehefrau von allen hustete, keuchte, röchelte, ächzte, stöhnte, schnappte nach Luft, trank einen Schluck Wasser und stimmte die Schocktherapie von Neuem an.

»Luft holen! Luft holen!«, brüllte ich auf Arabisch und klopfte ihr heftig auf den Rücken. Wir hatten die Lage jetzt fest im Griff. Der Sieg schien auf unserer Seite. Tatsächlich zogen sich Rajko XVI. und seine vierzig Räuber zu ihrem Stützpunkt zurück.

Trotz Knoblauchbrot drückte ich innig die Hand der besten Ehefrau von allen.

»Eine Glanzleistung, mein Schatz.«

»Achtung«, erbleichte sie, »da kommt er wieder.«

Mit der Selbstverständlichkeit der weltbekannten ungarischen Gastfreundschaft hatte der Protokollchef umgehend den unerzogenen Rajko zurückbeordert. Es sei wirklich ungehörig, einen ausländischen Einheimischen wegen einer läppischen Bronchialattacke im Stich zu lassen.

Unser Primas ließ sich nicht zweimal bitten, nahm seinen Stammplatz am Ohr der besten Ehefrau von allen wieder ein und bediente sich aufs Neue seines unerschöpflichen Repertoires.

»Hideg szobor vagy meg sem értenél ...« Das Lied erzählte von einer leidenschaftlichen Dame, die sich so kühl gibt wie eine Statue aus Marmorstein. Vor meinem geistigen Auge sah ich die beste Ehefrau von allen in das Guinness-Buch der Rekorde eingehen: »Einem israelischen Ehepaar gelang es in Ungarn ... während 18 Stunden ...«

»Nun gut«, flüsterte meine Frau vor ihren erkaltenden Palatschinken mit Nüssen und Schlagsahne mit Schokosplittern und mit erlahmenden seelischen Kräften. »Wir haben keine andere Wahl. Los, fang an zu singen.«

Meine falsche Stimme hätte bestimmt gute Aussichten gehabt, dem Primas den Rang abzulaufen, aber um die schwangere Frau oder irgendetwas dergleichen des Protokollchefs zu schonen, zog ich eine finanzielle Regelung vor.

Ich signalisierte dem Primas meine Kompromissbereitschaft. »Erlauben Sie …«

Die erste Banknote zeitigte noch keinen Erfolg, die zweite jedoch lockerte bereits Rajkos Sträuben. Die dritte Banknote brach schließlich seinen Widerstand. Mit seinem Orchester nahm er an unserem Tisch Platz. Der alte Zimbalschläger setzte sich auf meinen Schoß.

Sie können also doch Noten lesen, die Zigeunermusiker.

Bald darauf schlossen wir enge Freundschaft bei einem Glas Egri Bikavér. Ich fragte den Primas, wie denn das Geschäft so laufe.

»Schlecht«, antwortete Sandor Rajko XVI. »Die demokratische Revolution hat uns Zigeuner in den Bankrott getrieben. Das kapitalstarke Politbüro ist geschlossen, die Funktionäre haben sich umschulen lassen. Wer hat jetzt noch Zaster in der Tasche für üppige Gelage mit Zigeunermusik?«

Vom ehrwürdigen, saftigen ungarischen Zigeunerschnitzel werden bald nur noch einige verwaiste Brösel übrig sein. Sic transit gloria mundi, wie die libyschen Oberkellner zu sagen pflegen.

Das Hamsterfest oder Brot nach Großmutters Art

Es geht so weit, dass manche Bäckereien in Jaffa vier Schichten einlegen, um die Nachfrage zu stillen. Denn Pessach, das ehrwürdige Fest, ist, wie gesagt, auch das Fest des heimlichen Brothamsterns. Im ganzen Land sind jüdische Mütter, der unangefochtene Mittelpunkt der Familie, unterwegs, um für die heiligen Tage gerüstet zu sein, wobei die Achsen der Kinderwagen unter der Last der 22 versteckten Brotlaibe ächzen.

»Wehe, ihr schneidet mehr als einen Laib auf«, verscheucht die Mutter dann zu Hause die Hungrigen, »dass mir ja nichts austrocknet.«

Für die Brote wird umgehend ein sicherer Platz gesucht, und so landen sie vorübergehend hinter den Handtüchern im Schrank oder überall dort, wo sich sonst noch ein brauchbares Versteck auftreiben lässt.

Die jüdische Mutter weiß zwar, dass von den 22 Laibern nur etwa zwei Drittel das Fest überstehen, während der Rest auf der Strecke versauert, aber Tradition ist Tradition, und Hamsterfest ist Hamsterfest. Unter 20 Laibern geht nichts. Drei Laiber verschwinden in der Tiefkühltruhe, in der Hoffnung, dass sie das Fest unverschimmelt überstehen.

»Zuerst«, sagt Mutter, »zuerst werden die Brötchen gegessen.«

Und tatsächlich, die Brötchen gehen weg wie warme Semmeln, wodurch zwei wertvolle Tage gewonnen werden. Die Krise setzt meistens am dritten Tag dieses langen Festes ein, obwohl das Brot dann noch jeden Frischetest besteht.

Das Schöne an dieser großartigen Tradition aber ist, dass der jüdische Fantasiereichtum dem Brothamstern jedes Jahr neue Seiten abgewinnt. So haben es sich die Gläubigen seit einigen Jahren zur Gewohnheit gemacht, ihre Vorräte durch Pitabrot aufzufrischen, das von arabischen Götzendienern gebacken und an einschlägigen Orten, wie zum Beispiel am Busbahnhof, verkauft wird.

Immer beliebter wird auch das System eines jungen Architekten ungarischer Abstammung, »Schwimmendes Brot« genannt und bei manch einem auch als »Das Fünf-Tage-System« bekannt, da es dem gehamsterten Brot eine Haltbarkeit von genau dieser Zeitspanne sichert. Dieses geniale System beruht auf Frischekonservierung durch Einwickeln des Brotes in feuchte Frotteetücher. Etwaige Nebenwirkungen, wie Verlust der Bissfestigkeit oder Schimmelbildung, müssen leider in Kauf genommen werden.

Im vergangenen Jahr kamen die »Schwarzbäckereien« in Mode. Inzwischen aber machen sich jüdische Großmütter mit einer neuen Sitte einmal mehr unentbehrlich. Umgeben von ihren Lieben als Aufpasser kneten sie jetzt selbst den Teig und bereiten im Untergrund schmackhaftes Brot für die ganze Familie zu. So geben sie dem Hamsterfest seine inhaltliche

Würde zurück, denn »Sklaven waren wir in Ägypten, und heute essen wir hausgebackenes Brot nach Großmutters Art«.

Der kulinarische Rufmord

»Sie werden bei uns essen wie zu Hause.«

»Kann es nicht etwas Besseres sein?«

So lautet der Standarddialog zwischen dem Autor und dem Oberkellner in unserem Stammlokal. Warum gehen wir nicht gleich ins beste Lokal am Platz? Weil es pleitegegangen ist.

Es war an jenem besonderen Dienstag, als Jossele und ich wieder einmal in unserem Café saßen und wie üblich nicht wussten, was wir mit dem angebrochenen Abend beginnen sollten. Am Nebentisch flüsterte Rudi zweideutige Witze in Schlomos Ohr, und zwar flüsterte er so, dass im Umkreis von zehn Metern sämtliche Damen erröteten. Früher einmal war das ein anständiges Kaffeehaus.

Nach einer Weile wandte sich Schlomo mit der bekannten Frage an uns alle:

»Wie wär's, wenn wir irgendwohin essen gehen?«

Die allgemeine Zustimmung gipfelte in der Frage:

»Ja, aber wohin?«

Es besteht kein Zweifel daran, dass diese Frage schon seit Längerem unsere Generation beschäftigt: Wohin gehen wir? In diesem Fall: Was ist aus all den guten Restaurants geworden?

Rudi raffte sich zu einem konkreten Vorschlag auf:

»Versuchen wir's doch mit dem neuen rumänischen Lokal auf der Pferdestraße.«

»Ohne mich«, widersprach Jossele. »Eine unmögliche Kneipe. Miserables Essen, dreckige Tische, elende Bedienung. Dort kann man nicht hingehen.«

Schlomo bestätigte:

»Stimmt. Das hört man von allen Seiten. Na, wir werden schon etwas finden.«

Damit erhoben sich die beiden und verschwanden in der Dunkelheit.

Als sie außer Sichtweite waren, stand auch Jossele auf:

»So, und wir gehen jetzt zum Rumänen.«

Ich wunderte mich:

»Aber du hast doch gerade gesagt ...«

Jossele schüttelte den Kopf und zog mich wortlos mit sich fort.

»Der alte Pioniergeist ist tot«, erklärte er mir unterwegs. »Er wurde durch den sogenannten Eskimo-Effekt ersetzt, der seinen Namen dadurch hat, dass die Zahl der Eskimos in der Arktis ständig anwächst, während die Zahl der Seehunde, von denen sie leben, ständig abnimmt. Was kann man daraus schließen? Entdeckt ein Eskimo eine neue Seehundkolonie, so wird er das nicht weitererzählen, sondern wird seine Entdeckung für sich behalten. Noch mehr, er wird die anderen Seehundjäger in eine falsche Richtung schicken. Verstehst du, was ich meine?«

»Nein.«

»Ich meine, verstehst du die Nutzanwendung für unsere Situation?«

»Eben nicht.«

»Ist doch ganz einfach. Wenn jemand in unserem kleinen Land ein halbwegs brauchbares Restaurant entdeckt, spricht sich das in längstens zwei Wochen herum, und die Entdeckung kann wieder gestrichen werden. Das Lokal ist überfüllt, heiß und lärmend. Du bekommst keinen Platz. Wenn du ihn trotzdem bekommst, musst du eine halbe Stunde lang warten, bevor du überhaupt bedient wirst, und dann eine weitere halbe Stunde zwischen jedem Gang. Du hast den Ellbogen deines Nachbarn in deinen Rippen, seine Gabel in deinem Teller und sein Messer in deinem Rücken. Aus allen diesen Gründen muss der verantwortungsvolle israelische Bürger den Eskimo-Effekt anwenden. Er muss das von ihm entdeckte Restaurant in einen möglichst schlechten Ruf bringen, damit es nett und gemütlich und auf gutem kulinarischen Niveau bleibt. Als der bekannte Rabbinersohn Karl Marx vom Umschlag der Quantität in Qualität sprach, meinte er die rumänischen Restaurants. Verstehst du jetzt?«

»Allmählich.«

»Proletarische Wachsamkeit«, fuhr Jossele fort, »ist auch in anderen Zusammenhängen erforderlich. Zum Beispiel darfst du einen guten Zahnarzt niemals weiterempfehlen oder du sitzt bald darauf stundenlang in seinem Wartezimmer. Und wenn du über den billigen Schneider, den du endlich gefunden hast, nicht in den wildesten Tönen schimpfst, wirst du ihn dir nach ein paar Monaten nicht mehr leisten können.«

»Jetzt fällt mir auf«, sagte ich nachdenklich, »dass

meine Frau, wenn sie Freundinnen zu Besuch hat, immer darüber jammert, dass ihr Friseur nichts taugt.«

Jossele nickte:

»Ein klarer Fall von Eskimo-Effekt.«

Wir hatten die Pferdestraße erreicht. Gerade als meine Magennerven sich auf rumänische Spezialitäten einzustellen begannen, sahen wir zu unserer peinlichen Überraschung von der anderen Seite Rudi und Schlomo herankommen.

»Wieso seid ihr hier?«

Es war nicht festzustellen, wer von uns vieren das als Erster ausrief. Wahrscheinlich waren es alle.

Was uns aber noch peinlicher überraschte, das Restaurant war geschlossen. Wir trommelten mit den Fäusten gegen den Rollbalken, vergeblich. Endlich tauchte in einem Fenster ein Bewohner auf:

»Hat keinen Sinn«, rief er uns zu. »Der Rumäne ist pleitegegangen. Alle Welt hat über den armen Kerl so schlecht gesprochen, dass keine Gäste mehr kamen. Und es war das beste Restaurant in der ganzen Stadt.«

Betrübt kehrten wir um.

»Wer hätte gedacht«, sagte Jossele nach längerem Schweigen, »dass es bei den Eskimos auch Bumerangs gibt?«

Das heißersehnte Lächeln des Kellners

Der Schreiber dieser Zeilen darf sich schmeicheln, alle Reiselebensprobleme einschließlich verklemmter Reißverschlüsse gelöst zu haben – bis auf eines: Wie viel Trinkgeld soll man geben?

Das hat nichts mit Inflation, Rezession, Konjunktur und dergleichen zu tun. Es ist ein rein psychologisches Phänomen. Wann und wo immer ich dem Boten einer Blumenhandlung oder der Garderobenfrau eines öffentlichen Lokals gegenüberstehe, treten kleine, kalte Schweißperlen auf meine Stirn, und ich fühle mich einer Ohnmacht nahe. Dabei weiß ich ganz genau, dass ich in meiner Not nicht allein bin, dass alle Menschen von der Trinkgeldfrage bedrängt werden, seit jeher, seit Erschaffung der Welt, wahrscheinlich haben schon Adam und Eva der Schlange eine Kleinigkeit zugesteckt, zum Dank dafür, dass sie ihnen den richtigen Baum gezeigt hat … aber was hilft's. Jeder hergelaufene Kellner versetzt mich in Panik, wenn er, kaum dass ich mich über das Steak hermache, an meinem Tisch vorüberstreicht und mir zuflüstert: »Der Herr ist doch kein Amerikaner? Amerikaner sind nämlich sehr knausrig!« Nach solchen Andeutungen bin ich versucht, meine Brieftasche auf den Tisch zu legen und dem Kerl zu sagen, er möge sich doch bitte herausnehmen, was er für angemessen hält. Einmal, in einem Pariser Fischrestaurant, habe ich das wirklich getan. Ich musste zu Fuß ins Hotel zurückkehren.

Die Frage des Trinkgelds lässt sich schon deshalb nicht beantworten, weil sie in einem Niemandsland gestellt wird, zu dem nicht einmal die Gewerkschaften Zutritt haben. Es ist immer wieder ein neu entstehender Kampf, ein Kampf zwischen zwei Gegnern, deren einer von allem Anfang an hoffnungslos im Nachteil ist. Dieser eine bin ich. Ich weiß nicht, wie viel Trinkgeld ich geben soll.

Hinterher weiß ich's. Ich habe zu viel gegeben, wenn der Taxifahrer meine Koffer in die Hotelhalle schleppt, und zu wenig, wenn der Hotelportier bei meiner Abreise die Drehtür nicht in Schwung setzt. Undurchsichtig bleiben nur die englischen Hotelportiers, die selbst das generöseste Trinkgeld mit so herablassender Selbstverständlichkeit entgegennehmen, dass man ihnen am liebsten die Hand küssen möchte für die Gnade, die sie einem erwiesen haben. Anders die türkischen Portiers. Die sind unmenschlich. Wie hoch die Summe auch sein mag, die man ihnen in die Hand drückt – sie halten ungerührt die andere Hand hin und machen große Augen, als wollten sie sagen: »Schön, das war das Trinkgeld. Wo bleibt das Bakschisch?«

Der Einfluss der Geographie auf das Trinkgeldwesen ist nicht zu unterschätzen. Im Allgemeinen steigt die Höhe des Trinkgelds in direkt proportionalem Verhältnis zur Höhe der Temperatur. Je heißer, desto höher. Am Mittelmeer doppelt so hoch. In

Venedig zum Beispiel steht seit Jahrhunderten an jedem Gondel-Halteplatz ein pockennarbiger, zahnloser Greis, nähert sich dem Ein- oder Aussteigenden mit dem Ruf »Attenzione, attenzione« und beginnt in gotteslästerlichem Sizilianisch zu fluchen, wenn man ihn nicht dafür bezahlt. Für 200 Lire sagt er »Grazie«, für 500 oder mehr sagt er etwas auf Englisch, für 100 sagt er nichts, für 50 spuckt er.

Zu loben sind hingegen die italienischen Tankstellenwärter, diese Großmeister der Aufrundung. Gleichgültig, wie viel Benzin du verlangt hast – sie füllen dir den Tank für genau 29 000 Lire, nicht einen Tropfen darüber, und gehen nicht fehl in der Annahme, dass du dir auf drei 10 000-Lire-Noten doch nicht 1000 Lire zurückgeben lassen wirst. Hier zeigt sich der psychologische Aspekt des Trinkgeld-Problems in Reinkultur.

Es hat auch noch andere Aspekte. In Ländern mit hoher Einkommensteuer ist es höher, weil es netto berechnet wird. Noch höher ist es in Ländern, deren Regime zum Marxismus tendiert. Diese Regime haben die menschenunwürdige Gepflogenheit, den Arbeitenden durch Trinkgelder zu erniedrigen, so gründlich abgeschafft, dass der Arbeitende seinen Gram darüber im Alkohol ertränken muss. Daher der Name Trinkgeld. Das Ganze geht auf die programmatische Zielsetzung der sozialistischen Staaten zurück, einen neuen Menschentypus zu schaffen, den klassenbewussten Proletarier, dessen Arbeitsmoral ihm die Annahme von Trinkgeld verbietet. Leider müssen wir darauf verzichten, den Erfolg dieser Erziehungsmaßnahme zu untersuchen, da der betreffende Proletarier vor sieben Jahren in Polen gestorben ist.

Insgesamt lässt sich sagen, dass die arbeitenden Massen sich in dieser Angelegenheit bedeutend flexibler verhalten als ihre vorgesetzten Behörden. Es ist weniger das Trinkgeld als solches, durch das sich die Massen in ihrer Selbstachtung verletzt fühlen, als vielmehr die geringe Höhe des Trinkgelds – das man im Übrigen, um der Menschenwürde willen, einfach auf dem Tisch zurücklassen kann, von wo es der Kellner an sich nimmt. Dieses Verfahren birgt allerdings das Risiko einer freudigen Überraschung für den nächsten Gast.

Es muss hier noch auf einen Punkt hingewiesen werden, den sämtliche Moralisten, Reformer und Revolutionäre bisher übersehen haben. Das Trinkgeld fördert nämlich die soziale Gleichstellung. Der Kellner, der am Morgen den gegenüberliegenden Frisiersalon aufsucht, verabschiedet sich dort mit einem reichlichen Trinkgeld, und wenn der Friseur am Mittag im gegenüberliegenden Restaurant seine Mahlzeit eingenommen hat, gibt er dem Kellner das reichliche Trinkgeld wieder zurück. Das bewirkt ein vollkommenes Gleichgewicht zwischen zwei verschiedenen Klassen und stellt einen wichtigen Schritt in Richtung klassenlose Gesellschaft dar.

All diese tiefschürfenden Überlegungen helfen indessen nicht zur Bewältigung des Grundproblems, wie viel Trinkgeld man geben soll.

Nüchtern betrachtet, erkauft man mit dem Trinkgeld das Lächeln des Empfängers oder erspart sich zumindest Beschimpfungen. Daraus folgt, dass sich die Höhe des Trinkgelds nach der Festigkeit deines Charakters richtet. Je unsicherer du dich fühlst, desto höher wird die Bestechungssumme sein, die du für ein paar flüchtige Augenblicke der Selbstbestätigung zu zahlen bereit bist. Die Schwierigkeit liegt darin, dass du dir in einem Sekundenbruchteil und ohne jede Hilfe darüber klar werden musst, wie viel dir das Wohlwollen der betagten Matrone, die dir beim Verlassen des Kaffeehauses in den Mantel hilft, wert ist. Damit nicht genug, musst du noch das Gehässigkeitspotential des jeweiligen Trinkgeldempfängers und seine Fähigkeit, dir durch eine gezielte Flegelei den Rest des Tages zu verderben, richtig einschätzen können. Wer kann das schon?

In der Schweiz wird das Trinkgeld von der Regierung geregelt, und zwar durch ein widersprüchliches System. Einerseits teilt dir die Saaltochter, die dich im alkoholfreien Tearoom bedient hat und der du ein paar Münzen zuschieben willst, hochnäsig mit, dass das Trinkgeld bereits im Rechnungsbetrag eingeschlossen ist, andererseits musst du dem Taxichauffeur auf behördliche Anordnung einen zehnprozentigen Zuschlag zum Fahrpreis entrichten. »Macht zehn Franken und 1,50 für den Service«, gibt er dir am Bestimmungsort unwiderruflich bekannt und deutet auf einen Hinweis, der sicherheitshalber in zwei Sprachen angebracht ist: »Service nicht inbegriffen/Service not included« – ein eklatanter Widerspruch zu der Tatsache, dass du ja für den Service, was auf Deutsch so viel heißt wie Dienstleistung, soeben zehn Franken bezahlt hast.

Natürlich wäre es einfacher, das Trinkgeld in den Fahrpreis einzuschließen. Macht 11,50 und damit gut. Warum das nicht geschieht, gehört zu den unerforschlichen Rätseln der Menschenseele. Ich weiß nicht, warum die eidgenössischen Taxifahrer auf einer Trennung von Preis und Trinkgeld bestehen. Ich weiß nur, dass sie um nichts glücklicher sind als ihre Kollegen anderswo auf der Welt. Das von Amts wegen festgesetzte Trinkgeld mag ihren Berufsstolz heben. Aber es bringt sie um jenen unvergleichlichen Moment der Spannung, der das Trinkgeldgeben so überaus populär gemacht hat.

Das Trinkgeld gehört zum Dasein wie die Verkehrsampel und der Tod. Wir können es nicht abschaffen. Wir müssen mit dem Trinkgeld leben. Bleibt nur die Frage: Wie viel, um Himmels willen, wie viel Trinkgeld soll man geben?

Ristorante Santa Helena

Zugegeben, das ist fraglos eine dicke Fliege in der Suppe unserer sonst glücklichen Ehe, diese ärgerliche Rücksichtslosigkeit von mir, nicht sofort zu Tisch zu kommen, wenn meine Frau verkündet, dass das Essen serviert ist. Ich schwöre, dass ich nicht weiß, warum ich ihr das antue, und schon gar nicht weiß ich, warum alle Ehemänner das immer wieder ihren Frauen antun.

Vielleicht ist es ein unbewusster Prozess gegen ihre selbstherrliche Art, die Essenszeit zu bestimmen, ohne vorher zu fragen. Vielleicht haben auch ihre Kochkünste etwas nachgelassen. Vielleicht findet sich hier ein unerwarteter historischer Einfluss, wenn wir der folgenden symbolischen Geschichte glauben dürfen. Es ist eine ziemlich perfide Utopie über die letzten Tage des Kaisers Napoleon. Obwohl sie genauso gut von meinem Waterloo am Familientisch handeln könnte.

Die Sonne ging über den Schlachtfeldern auf. Im Sitzungssaal seines Landschlösschens stand der Kaiser, umgeben von seinen Marschällen und Generälen, am Tisch mit der großen Landkarte, um die letzten Anordnungen für den entscheidenden Zusammenstoß mit Europas Monarchen zu treffen. Sein Selbstbewusstsein und sein strategisches Genie hatten unter dem Exil auf Elba in keiner Weise gelitten. Nur sein

Haar war ein wenig schütter geworden und zeigte an den Schläfen die ersten silbernen Strähnen.

In der Ferne hörte man vereinzeltes Artilleriefeuer, Blüchers Armee marschierte vom Norden her gegen Waterloo. Man glaubte zu spüren, wie die Welt den Atem anhielt.

»Napoleon! Dein Frühstück ist fertig.«

In der Tür erschien Sarah, Napoleons dritte Ehefrau und die beste von allen, ihre Frisur von einem hinten zusammengeknoteten Kopftuch geschützt, in der Hand ein Staubtuch.

Der Kaiser hatte sie auf Elba geheiratet. Wie es hieß, entstammte sie einer der besten Familien der Insel.

»Das Frühstück wird kalt, Napoleon«, rief die Kaiserin. »Komm zu Tisch. Deine Freunde hier werden nicht weglaufen. Ach Gott, ach Gott ...«

Und während sie sich mit dem Staubtuch an einigen Möbelstücken zu schaffen machte, wandte sie sich an den respektvoll schweigenden Generalstab: »Jeden Tag die gleiche Geschichte. Ich frage ihn, Napoleon, willst du essen oder willst du nicht essen, sag ja oder nein, er sagt ja, ich mach das Essen, und kaum ist es fertig, hat er plötzlich irgendetwas zu tun, stundenlang lässt er mich warten, ich muss das Essen immer von Neuem aufwärmen, erst gestern hat uns das Mädchen gekündigt, und jetzt steh ich da, ganz allein mit dem Buben Napoleon! Hörst du nicht? Das Frühstück ist fertig.«

»Einen Augenblick«, murmelte der Kaiser und zeichnete auf dem Schlachtplan eine Linie ein. »Nur einen Augenblick noch.«

Der Kanonendonner wurde lauter. Die Artillerie des Herzogs von Wellington begann sich einzuschießen. Marschall Ney sah besorgt auf die Uhr.

»Ich kann mich kaum auf den Beinen halten«, jammerte Sarah. »Überall in der Wohnung lässt du deine Kleidungsstücke herumliegen, und ich hab das Vergnügen, sie einzusammeln und in den Schrank zu hängen. Wie soll ich das alles bewältigen? Und steck nicht immer die Hand zwischen die zwei oberen Brustknöpfe, hundertmal hab ich dir gesagt, dass der Rock davon einen hässlichen Wulst bekommt, der sich nicht mehr ausbügeln lässt ... Wirklich, meine Herren, Sie haben keine Ahnung, wie viel Arbeit mir die schlechten Gewohnheiten meines Herrn Gemahls machen. Napoleon, komm endlich frühstücken.«

»Ich komm ja schon«, antwortete der große Korse. »Ich hab nur noch ein paar Worte mit meinen Generälen zu sprechen.« Er nahm Haltung an, seine Gesichtsmuskeln spannten sich. »Blücher und Wellington, daran besteht für mich kein Zweifel, werden ihre Armeen vereinigen wollen. Wir müssen einen Keil zwischen sie treiben.«

»Der Tee ist schon wieder eiskalt«, kam aus dem Nebenzimmer Sarahs Stimme.

»In einer Stunde greifen wir an«, sagte Napoleon abschließend.

Von draußen hörte man schwere, eilige Schritte. General Cambron, der Adjutant des Kaisers, nahm immer drei Marmorstufen auf einmal, so eilig hatte er's an diesem Tag.

»O nein! Kommt gar nicht infrage!« Am Treppenabsatz trat ihm Sarah entgegen. »Ziehen Sie zuerst Ihre Stiefel aus! Ich lasse mir von Ihnen nicht das ganze Haus verschmutzen.«

In Strümpfen trat General Cambron zu den anderen beschimpften Heerführern.

»Wenn ich eine Hilfe in der Küche hätte, wär's etwas anderes«, erklärte die Kaiserin. »Aber seit gestern hab ich keine mehr. Herrn Bonaparte interessiert das natürlich nicht. Den interessiert alles, nur nicht sein eigenes Haus. Jetzt bin ich am Wochenende ohne Mädchen und kann mich wegen eurer dummen Schlacht nicht einmal um einen Ersatz kümmern. Wenn Sie vielleicht von einem anständigen Mädchen hören, lassen Sie mich's bitte wissen. Mit Kochkenntnissen. Und sie muss auch auf den Buben aufpassen. Aber keine Korsin, bitte. Die reden zu viel.«

»Gewiss, Majestät.« General Cambron salutierte und übergab dem Kaiser ein zusammengefaltetes Papier. Napoleon las es und wurde blass:

»Meine Herren, Fouché ist zum Feind übergegangen. Was tun wir jetzt?«

»Jetzt frühstücken wir«, entschied die Kaiserin und ging ins Nebenzimmer voran.

Noch einmal trat Napoleon an den Tisch und fixierte mit dem Zeigefinger einen Punkt auf der Karte:

»Hier wird sich das Schicksal Europas entscheiden. Wenn der Gegenangriff von Südwesten kommt, fangen wir ihn an der Flanke auf. Meine Herren …«

117

»Napoleon«, unterbrach Sarahs Stimme. »Willst du Rühr- oder Spiegeleier?«

»Egal.«

»Rühreier?«

»Ja.«

»Dann sag's doch.«

»Meine Herren – vive la France!«, beendete Napoleon den unterbrochenen Satz.

»Vive la France!«, riefen die Marschälle und Generäle. »Vive l'Empereur!«

»Napoleon!«, rief Sarah und steckte den Kopf durch die Tür. »Der Bub will dich sehen.«

»Majestät«, rief Marschall Murat. »Der Feind nähert sich!«

»Ich, lieber Herr«, fuhr die Kaiserin dazwischen, »ich bin es, die den ganzen Tag mit dem weinenden Kind auskommen muss, ich, nicht Sie. Wollen Sie dem Kaiser vielleicht verbieten, seinem Sohn einen Abschiedskuss zu geben?«

»Wo ist er?«, fragte Napoleon.

»Er macht gerade Pipi.«

Und während der Kaiser seine Leute zum Aufbruch drängte, stimmte die Kaiserin nochmals ihr Klagelied an:

»Ich hab kein Mädchen. Ich muss alles allein machen. Die Küche sieht aus wie ein Schlachtfeld. Und wie oft, meine Herren, hab ich Sie schon gebeten, keine Asche auf den Teppich zu streuen?«

Im Hintergrund erschien Napoleon und strebte mit hastigen Schritten dem Ausgang zu.

»Was soll ich sagen, wenn jemand nach dir fragt?«, wollte die Kaiserin wissen.

»Sag, dass ich in der Schlacht bei Waterloo bin.«

»Wann kommst du nach Hause?«

»Weiß ich nicht.«

»Hoffentlich rechtzeitig zum Mittagessen. Was möchtest du haben?«

»Egal.«

»Dann sag's doch. Und vergiss nicht«, rief sie ihm nach. »Ich brauch ein Mädchen. Und komm nicht zu spät …«

Der Kaiser hatte sein Pferd bestiegen. An der Spitze seiner Heerführer nahm er den Weg durch die eng gewundene Schlucht, die in Richtung Waterloo führte.

Sarah nahm Besen und Schaufel, um die Halle vom Straßenschmutz zu säubern, der von den Stiefeln der Militärs zurückgeblieben war. Sie musste alles allein machen, denn sie hatte kein Mädchen.

Durch das offene Fenster konnte man jetzt schon das Mündungsfeuer der Geschütze sehen. Blücher und Wellington setzten zu ihrem Umklammerungsmanöver an.

Die Geschichte weiß zu berichten, dass die beiden siegreichen Feldherren ohne ihre Ehefrauen gereist waren.

Sperrstunde

Die Gastfreundschaft gehört im Vorderen Orient zu den heiligsten Geboten. Ein Beduinenscheich, bei dem du eingekehrt bist, wird dich – auch wenn du monatelang bleibst – nie zum Aufbruch mahnen. Leider sind die Beduinenscheichs unter heutigen Oberkellnern an einer Hand abzuzählen.

Diese Tatsache wurde mir bewusst, als die beste Ehefrau von allen ein paar Minuten vor elf Uhr abends mitten in der Hauptstraße stehenblieb und sagte: »Lass uns noch etwas Tee trinken.«

Wir betraten das nächste Café-Restaurant, ein kleines, intimes Lokal mit diskreter Neonbeleuchtung, einer blitzblanken Espressomaschine und zwei Kellnern, die sich gerade umkleideten. Außer uns war nur noch ein glatzköpfiger Mann vorhanden, der mit einem schmutzigen Fetzen die Theke abwischte. Bei unserem Eintritt sah er auf seine Uhr und brummelte etwas Unverständliches zu einem der beiden Kellner hinüber, der daraufhin seine Jacke wieder auszog und in ein Jackett von unbestimmter Farbe schlüpfte.

Die Luft war mit Sozialproblemen geladen. Aber wir taten, als wäre es eine ganz normale Luft, und ließen uns an einem der Tische nieder.

»Tee«, bestellte ich unbefangen. »Zwei Tassen Tee.«

Der Kellner zögerte, dann öffnete er die Tür zur

Küche und fragte demonstrativ angewidert: »Ist das Wasser noch heiß?«

Unterdessen schob draußen auf der Terrasse der andere Kellner die Tische mit harten, präzisen Rucken zurecht, die den unerbittlichen Ablauf der Zeit markierten.

Der Tee schwappte ein wenig über, als der erste Kellner die beiden Tassen vor uns hinknallte. Wir versuchten, die farblose Flüssigkeit durch emsiges Umrühren ein wenig zu wärmen.

»'tschuldigung!«

Es war der Glatzkopf. Er hob das Tablett mit unseren beiden Tassen und nahm das fleckige Tischtuch an sich. Auch der Tisch war nicht ohne.

Der erste Kellner hatte den unterbrochenen Kostümwechsel wieder aufgenommen und stand jetzt in einem blauen Regenmantel in der Tür. Er machte den Eindruck, als warte er auf etwas. Der zweite Kellner war mit dem Zusammenfalten der Flecktücher fertig geworden und drehte die Neonlichter ab.

»Vielleicht«, flüsterte ich meiner Ehefrau zu, »vielleicht möchten sie, dass wir gehen? Wäre das möglich?«

»Es wäre möglich«, flüsterte sie zurück. »Aber wir müssen es ja nicht bemerken.«

Wir fuhren fort, an unserem im Halbdunkel liegenden Tisch miteinander zu flüstern und nichts zu bemerken. Auch das Tablett mit der Rechnung, das mir der Regenmantelkellner kurz darauf unter die Nase hielt, nahm ich nur insoweit zur Kenntnis, als ich es beiseiteschob.

Der Glatzkopf nahm das schicke Hütchen meiner Ehefrau vom Haken und legte es mitten auf den Tisch. Sie bedachte ihn mit einem freundlichen Lächeln.

»Vielen Dank. Haben Sie Kuchen?«

Der Glatzkopf erstarrte mit offenem Mund und drehte sich zum zweiten Kellner um, der vor dem großen Wandspiegel seine Haare kämmte. Es herrschte Stille. Dann tauchte der erste Kellner, der mit dem blauen Regenmantel, im Dunkel unter, tauchte wieder auf und warf uns einen käsigen Klumpen vor, der beim Aufprall sofort zerbröckelte. Eine Gabel folgte klirrend. Meine Gattin konnte das Zittern ihrer Hände nicht unter Kontrolle bekommen und ließ die Gabel fallen.

Da sie nicht mehr den Mut hatte, eine neue zu verlangen, unternahm ich es an ihrer Stelle. Wenn Blicke töten könnten, wäre jede ärztliche Hilfe zu spät gekommen.

Die Neonlichter wurden einige Male in rascher Folge an- und abgedreht. Das gab einen hübschen Flackereffekt, der uns aber nicht weiter beeindruckte. Auch die Tatsache, dass der Glatzkopf sich gerade jetzt vergewissern musste, ob der Rollladen vor der Eingangstür richtig funktionierte, ließ uns kalt.

Aus der Küche kam eine alte, bucklige Frau mit Kübel und Besen hervorgeschlurft und begann den Boden zu waschen. Warum sie damit bei unserem Tisch begann, weiß ich nicht. Jedenfalls hoben wir, um ihr keine Schwierigkeiten zu machen, die Füße und hielten sie so lange in die Luft, bis die Putzfrau weiterschlurfte.

Der gekämmte Kellner hatte um diese Zeit fast alle Stühle auf die Tische gestellt. Eigentlich fehlten nur noch unsere.

»Warum sagen sie uns nicht, dass wir gehen sollen?«, fragte ich die beste Ehefrau von allen, die in solchen Fällen meistens die richtige Antwort weiß.

»Weil sie uns nicht in Verlegenheit bringen wollen. Es sind höfliche Leute.«

In kultivierten Ländern wird das Gastrecht heiliggehalten, auch heute noch. Mit uralten Traditionen bricht man nicht so leicht. Der erste Kellner stand bereits draußen auf der Straße, von wo er uns aufmunternde Blicke zuwarf. Der zweite half dem Glatzkopf soeben in den Mantel. Der Glatzkopf öffnete einen kleinen schwarzen Kasten an der Wand und tauchte mit zwei knappen Handgriffen das Lokal in völliges Dunkel. Im nächsten Augenblick spürte ich die Sitzfläche eines Stuhl auf meinem Rücken.

»Könnte ich ein paar Zeitschriften haben?«, hörte ich meine Frau sagen. Ich tastete durch die Dunkelheit nach ihrer Hand und drückte sie anerkennend.

Ein Zündholz flammte auf. In seinem schwachen Schein kam der Glatzkopf auf uns zu.

»Sperrstunde. Wir schließen um Mitternacht.«

»Ja, aber warum haben Sie das nicht gleich gesagt«, fragte ich. »Woher sollen wir das wissen?«

Wir ließen die Stühle von unseren Rücken gleiten,

standen auf und rutschten über den nassen Fußboden hinaus. Nachdem wir ein wenig ins helle Straßenlicht geblinzelt hatten, sahen wir auf die Uhr. Es war genau zehn Minuten vor Mitternacht.

Eiserner Vorrat

Eine zu große Auswahl an Lebensmitteln bereitet Kopfschmerzen, aber manchmal auch ein leerer Magen. Und solche Mägen gibt es leider auch heutzutage in funkelnagelneuen Ländern, besonders, wenn sie im Kriegszustand sind.

Ich erinnere mich an Zeiten, in denen ich in ähnlicher Lage war, in Budapest, das die Rote Armee eben befreit hatte.

Damals verspürte ich einen bitteren Geschmack im Mund, für den ich keine Erklärung finden konnte. Ich suchte einen befreundeten Psychiater auf, der mich über meine Kindheitserlebnisse, meine Träume und die Erfahrungen meines Ehelebens ausfragte. Er diagnostizierte, dass der bittere Nachgeschmack in meinem Mund von einem falsch sublimierten Trauma stamme, das auf den Zuckermangel in meinem Frühstückskaffee zurückgehe.

So kam heraus, dass meine Frau mich seit Wochen einer zuckerlosen Diät unterzog.

»Was soll das?«, fragte ich sie daraufhin. »Ich will Zucker haben.«

»Schrei nicht«, erwiderte sie. »Es gibt keinen Zucker. Es gibt ihn nirgends.«

»Wo sind unsere Zuckerreserven?«

»Die habe ich weggesperrt. Für den Fall, dass es einmal keinen Zucker mehr gibt.«

»Jetzt sind wir so weit. Es gibt keinen Zucker mehr.«

»Eben. Und du möchtest natürlich gerade jetzt, wo es keinen Zucker gibt, im Zucker wühlen. Der Krieg kann weitergehen, und wie stehen wir dann da? Ohne Zuckervorräte?«

»Mach dich nicht lächerlich«, sagte ich. »Ich gehe jetzt hinunter und kaufe jede Menge Zucker, die ich haben will.«

Damit ging ich in das Lebensmittelgeschäft an der Ecke, zwinkerte dem Besitzer, der ein begeisterter Leser meiner Kurzgeschichten ist, vertraulich zu und flüsterte ihm ins Ohr, dass ich ganz gerne etwas Zucker hätte.

»Lieber Herr Kishon«, erwiderte er freundlich, »ich würde niemandem so gern helfen wie Ihnen, aber es gibt keinen Zucker.«

»Ich zahle natürlich gerne etwas mehr«, sagte ich.

»Lieber Herr Kishon, ich kann Ihnen leider keinen Zucker geben. Nicht einmal, wenn Sie mir ein Vermögen dafür zahlen.«

»Das ist sehr traurig«, sagte ich. »Was soll ich jetzt machen?«

»Wissen Sie was?«, sagte er. »Zahlen Sie mir mehr.«

Da schoss ein Herr in einer Pelzmütze, den ich bisher nicht bemerkt hatte, aus einer Ecke hervor und schrie aufgeregt:

»Zahlen Sie keine solchen Irrsinnspreise! Das ist der Beginn der Inflation! Unterstützen Sie den Schwarzhandel nicht durch Panikkäufe! Erfüllen Sie Ihre patriotische Pflicht!«

Ich nickte betreten und ging mit leeren Händen, aber mit patriotischem Gefühl aus dem Laden. Der Mann mit der Pelzmütze folgte mir. Eine Stunde lang gingen wir zusammen auf und ab und sprachen über unsere Not. Pelzmütze erklärte mir, dass die Amerikaner, diese eiskalten Schurken, jetzt die uns gebührenden Zuckerlieferungen zurückhielten, in der Hoffnung, auf diese barbarische Weise unsere marxistische Moral zu brechen. Aber das sollte ihnen nicht gelingen. Niemals.

Zu Hause berichtete ich meiner Gattin im Brustton nationalen Stolzes, warum ich mich dem Tanz ums Goldene Kalb nicht angeschlossen hätte. Sie reagierte mit ihrer üblichen Fantasielosigkeit. Alles sei recht schön und gut, meinte sie, aber der Mann mit der Pelzmütze sei ein bekannter Diabetiker, und jedermann in der Nachbarschaft wisse, dass ein einziger Würfel Zucker ihn auf der Stelle umbrächte. Unten im Haus nebenan hingegen habe man heute Nacht einen Lastwagen gesehen, und die Hausbewohner hätten mehrere Säcke Zucker abgeladen, um sie dann auf Zehenspitzen in ein sicheres Versteck zu bringen.

Um die Dramatik der Situation zu betonen, servierte mir meine Frau einen Tee mit Zitrone statt mit Zucker. Das abscheuliche Gesöff beleidigte meinen sensiblen Geschmackssinn. Ich stürmte in das Lebensmittelgeschäft hinunter und verkündete dem Besitzer, ich sei bereit, eine schöne Summe für ein Kilogramm Zucker zu zahlen. Der Lump entgegnete mir dreist, der Zucker koste bereits eine noch schönere Summe.

»Gut, ich nehme ihn«, sagte ich.

»Kommen Sie morgen«, sagte er. »Dann werden Sie für den Zucker noch mehr zahlen müssen, aber es wird ohnedies keiner mehr da sein.«

Als ich wieder auf der Straße stand und leise vor mich hin fluchte, erregte ich das Mitleid einer älteren Dame, die mir eine wertvolle Information gab.

»Fahren Sie rasch in die Elisabethgasse. Dort finden Sie einen Lebensmittelhändler, der noch nicht weiß, dass es keinen Zucker gibt, und ihn ganz normal verkauft.«

Ich sprang auf mein Fahrrad und sauste los. Als ich in die Gasse kam, musste irgendjemand dem Lebensmittelhändler bereits verraten haben, dass es keinen Zucker mehr gab, und es gab keinen Zucker mehr.

Zu Hause erwartete mich eine neue Überraschung. Meine Frau hatte einen dieser gläsernen, birnenförmigen Zuckerstreuer ergattert, die man bisweilen in den Kaffeehäusern sah und die sich dadurch auszeichneten, dass, wenn man sie umdrehte und schüttelte, aus einer dicken Öffnung nichts herauskam. Damals trieb mich die Gier mitten in der Nacht aus meinem Bett, und ich durchsuchte alle Küchenschränke und Regale nach dem Zuckerstreuer.

Meine Frau stand plötzlich mit verschränkten Armen in der Tür und sagte hilfreich:

»Du wirst ihn niemals finden.«

Am nächsten Tag wollte das Schicksal, dass ich einen Sack mit einem halben Kilogramm Gips nach Hause brachte, um einige Sprünge in unseren Wänden auszubessern. Kaum hatte ich den Sack abgestellt, als er auch schon verschwunden war und die geheimnisvolle Stimme meiner Gattin mich wissen ließ, dass er sich in sicherem Gewahrsam befände. Darüber war ich von Herzen froh, denn Gips gehörte zu den unentbehrlichen Utensilien eines neuen Haushalts. Meine Freude wuchs, als ich in meinem nächsten Kaffee nach langer Zeit wieder Zucker fand.

»Siehst du«, sagte meine Frau. »Jetzt, wo du Zuckervorräte gebracht hast, können wir uns das leisten.«

Das ließ ich mir nicht zweimal sagen. Am nächsten Tag brachte ich vier Kilo einer erstklassigen Alabastermischung angeschleppt. Tückische, grünliche Flämmchen sprühten in den Pupillen der besten Ehefrau von allen, als sie mich umarmte und mich fragte, wo ich diesen Schatz aufgetrieben hätte.

»In einem Geschäft für Maurer- und Lackiererbedarf«, antwortete ich wahrheitsgemäß.

Meine Frau kostete das weiße Pulver.

»Pfui Teufel!«, rief sie. »Was ist das?«

»Gips.«

»Mach keine Witze. Wer kann Gips essen?«

»Niemand braucht das Zeug zu essen«, erläuterte ich. »Wenn man es zu essen versucht, ist es Gips. Aber wenn man es nur zum Einlagern verwendet, ist es so gut wie Zucker. Gib's in die Vorratskammer, deck's zu und bring unsere Zuckerreserven auf den Tisch.«

»Was soll ich damit in der Vorratskammer? Wozu soll das gut sein?«

»Verstehst du denn noch immer nicht? Es ist doch

ein wunderbares Gefühl, zu wissen, dass man einen Vorrat von vier Kilo Zucker beiseitegeschafft hat. Komme, was da wolle, uns kann nichts passieren. Wir haben unseren eisernen Vorrat.«

»Du hast recht«, sagte meine Frau, eigentlich ein recht vernünftiges Wesen. »Aber eines merk dir schon jetzt: Diese eiserne Ration rühren wir nur an, wenn es wirklich katastrophal wird.«

Die süßen Früchte der Massage

Mit Absicht habe ich bisher die sportliche Alternative, mit der sich abnehmen lässt, nicht erwähnt. Vor allem, um jene Leser nicht zu diskriminieren, die, ähnlich wie ich, Sportereignisse lieber auf dem Bildschirm sehen, als sich selbst dieser ermüdenden Tätigkeit hinzugeben.

Aber der menschliche Körper ist doch ein kleines Wunder. Wer es nicht selbst erlebt hat, würde nie glauben, dass man seine Muskeln, ohne sich zu bewegen, im Bett liegend trainieren kann.

Zur Illustration dieser These übergebe ich das Wort wieder meinem Freund Jossele. Es handelt sich um die dicke Selma.

»Sie war«, begann Jossele seinen Bericht, »die ewige Braut unseres Cafétiers Gusti. Ein prachtvolles Mädel, treu, liebevoll, häuslich, aber ein bisschen verfressen. Die beiden lebten seit Jahren zusammen, aber von Hochzeit war nie die Rede. Das fiel der dicken Selma allmählich auf, und nach einigem Nachdenken entdeckte sie auch die Ursache. ›Gut‹, sprach sie zu sich selbst, ›ich werde abnehmen. Wenn ich erst einmal mein überschüssiges Fett los bin, ist alles in Ordnung.‹

Was tut man, um abzunehmen? Man lässt sich massieren. Gusti kannte eine Masseuse, mit der er ein sehr gutes Verhältnis hatte, ohne dass es zu etwas geführt hätte. Vielleicht weil auch diese Dame sehr dick war, genau wie Selma. Sie kannte das Geheimnis der Abmagerungsmassage und versprach, Selma innerhalb Monatsfrist zu entfetten. Du kannst dir denken, wie es dabei zugegangen ist. Die dicke Selma lag auf der Pritsche, und die Masseuse fiel über sie her, schlug mit den Handkanten auf sie ein, knetete sie, rollte sie vom Bauch auf den Rücken und vom Rücken auf den Bauch, Tag für Tag, manchmal drei Stunden lang. Unmutig beobachtete Gusti den Erfolg der Behandlung. Ein Pfund nach dem anderen verschwand, das Fett wich fraulichem Charme, verborgene weibliche Reize traten zutage, und nach einem Monat führte Gusti die Geliebte seines Herzens zum Altar. Alle Hochzeitsgäste waren sich darüber einig, dass sie noch nie eine so hübsche, schlanke Braut gesehen hatten wie Abigail.«

»Abigail?«, unterbrach ich. »Wer ist Abigail?«

»Die Masseuse«, antwortete Jossele. »Oder hast du geglaubt, die dicke Selma hätte vom Massieren abgenommen?«

Tutto von Spaghetti

Es ist hinlänglich bekannt, dass Auslandsreisen viele positive Aspekte haben. Das Abnehmen gehört leider nicht dazu.

Jedes Volk dieser Erde hat seine Nationalspeise. Die Israelis zum Beispiel haben ihren arabischen Skish-kebab, die Wiener die Frankfurter und die Frankfurter die Wiener. Das Gefährlichste jedoch sind die italienischen Spaghetti, die keine bloße Nationalspeise, sondern eine psychopathologische, traumatisch vererbte Zwangshandlung sind. Die Italiener essen fast pausenlos und fast pausenlos Spaghetti. Es gibt eigentlich nichts, wozu sie keine Spaghetti äßen. Wenn man ein Beefsteak bestellt, greift der Kellner zuerst einmal in einen Bottich mit Spaghetti. Ohne Spaghetti kein Fleisch, kein Fisch, keine Vorspeise, keine Nachspeise, keine Spaghetti. Einmal, als ihr wieder nichtbestellte Spaghetti serviert wurden, wagte meine todesmutige Gattin, Einspruch zu erheben:

»Bitte, wir haben keine Spaghetti bestellt.«

»Signora«, wies der sie indigniert zurecht, »das sind keine Spaghetti. Das sind Allegretti con brio all pomodoro rosso di Ottorino Respighi.«

Denn die Italiener haben immer neue Namen für die immer gleichen Spaghetti. Man weiß eigentlich nie, was man isst, wenn man Spaghetti isst, außer dass es Spaghetti sind. Proteste fruchten nichts, da kann man reden, so viel man will. Außerdem gehört es zur schwersten Bürde der Touristen, die Kunst des Aufwickelns zu erlernen. Nach Italien eingewanderte Familien brauchen oft drei Generationen lang, ehe sie es fertigbringen, diese acht Meter langen Gummischläuche richtig zu rollen.

Eines Tages, es war im schönen Bologna, wurde es mir zu dumm. Ich zog mein Taschenmesser heraus und zerschnitt die wildgewordene Spaghettischlange in kleine Stücke. Die beste Ehefrau von allen wollte vor Scham in die Erde versinken. Mich aber rettete meine Tollkühnheit vor dem Hungertod.

Da kam der Padrone dahergelaufen:

»Signore, was machen Sie? Spaghetti mit dem Messer?«

»Amigo«, extemporierte ich, »so essen wir sie in Mexiko, südlich von Guadelajara.«

Service inbegriffen

Um unserer Kellnersaga ein internationales Flair zu geben, soll hier der Dialog zwischen dem berühmten amerikanischen Schriftsteller John Steinbeck und einem anonymen israelischen Kellner veröffentlicht werden. Die Authentizität des Gesprächs hat mir John Steinbeck seinerzeit in einem persönlichen Schreiben bestätigt.

»Kellner! Herr Ober!«

»Jawohl, Herr Sternberg.«

»Frühstück für zwei, bitte.«

»Jawohl. Zweimal Frühstück. Sofort. Ich wollte Sie nur noch rasch etwas fragen, Herr Sternberg. Sind Sie der Schriftsteller, über den man jetzt so viel in den Zeitungen liest?«

»Mein Name ist John Steinbeck.«

»Aha. Erst gestern habe ich ein Bild von Ihnen in der Zeitung gesehen. Aber da hatten Sie einen größeren Bart, kommt mir vor. Es war auch ein Artikel dabei, dass Sie einen Monat hierbleiben wollen und dass Sie inkognito sind, damit man Sie nicht belästigt. Ist das Ihre Frau?«

»Ja, das ist Frau Steinbeck.«

»Schaut aber viel jünger aus als Sie.«

»Ich habe das Frühstück bestellt.«

»Sofort, Herr Steinberg. Sie müssen wissen, dass alle möglichen Schriftsteller in dieses Hotel kommen.

Erst vorige Woche hatten wir einen hier, der ›Exodus‹ geschrieben hat. Haben Sie ›Exodus‹ gelesen?«

»Nein.«

»Ich auch nicht. So ein dickes Buch. Aber ›Alexis Sorbas‹ habe ich gesehen. Wann haben Sie ›Alexis Sorbas‹ geschrieben?«

»Ich habe ›Alexis Sorbas‹ nicht geschrieben.«

»Hat mir großartig gefallen, der Film. An einer Stelle hätte ich mich vor Lachen fast ausgeschüttet. Wissen Sie, dort, wo …«

»Ich hätte zum Frühstück gerne Kaffee. Und Tee für meine Frau.«

»Sie haben ›Sorbas‹ nicht geschrieben?«

»Nein. Das sagte ich Ihnen ja schon.«

»Für was hat man Ihnen dann den Nobelpreis oder wie der heißt gegeben?«

»Für die ›Früchte des Zorns‹.«

»Also Kaffee und Tee, richtig?«

»Richtig.«

»Sagen Sie, Herr Steinberg: Wie viel bekommt man für so einen Preis? Stimmt es, dass er eine Million Dollar einbringt?«

»Könnten wir dieses Gespräch nicht nach dem Frühstück fortsetzen?«

»Da habe ich leider keine Zeit mehr. Warum sind Sie eigentlich hergekommen, Herr Steinberg?«

»Mein Name ist Steinbeck.«

»Sie sind aber kein Jude, nicht wahr?«

»Nein.«

»Hab ich mir gleich gedacht. Amerikanische Juden

sind sehr aufdringlich. Schade, dass Sie ausgerechnet jetzt gekommen sind, wo es fortwährend regnet. Jetzt gibt es hier nichts zu sehen. Oder sind Sie hier an etwas ganz Speziellem interessiert?«

»Ich möchte ein weichgekochtes Ei.«

»Drei Minuten?«

»Ja.«

»Sofort. Ich weiß, Herr Steinberg, in Amerika ist man es nicht gewöhnt, sich mit Kellnern so ungezwungen zu unterhalten. Bei uns ist das anders. Wir haben Atmosphäre. Übrigens war ich nicht immer ein Kellner. Ich habe Orthopädie studiert, zwei Jahre lang. Leider braucht man hierzulande Protektion, sonst kommt man nicht weiter.«

»Bitte bringen Sie uns das Frühstück mit einem weichen Ei.«

»Drei Minuten, Herr Steinberg, ich weiß. Aber dieser ›Sorbas‹, das war vielleicht ein Film! Auch wenn Sie gegen Schluss ein wenig zu dick aufgetragen haben. Unser Koch hat mir gesagt, dass es von Ihnen auch noch andere Theaterstücke und Filme gibt. Ist das wahr?«

»Ja.«

»Was zum Beispiel?«

»Zum Beispiel ›Jenseits von Eden‹.«

»Hab ich geseh'n, Mein Ehrenwort, das hab ich geseh'n! Zum Brüllen komisch. Besonders diese Szene, wo sie versuchen, die Bäume aus dem Wald zu transportieren …«

»Das kommt in ›Alexis Sorbas‹ vor.«

137

»Ja, richtig. Da haben Sie recht, Also, was schreiben Sie sonst?«

»Von Mäusen und Menschen.«

»Mickymaus?«

»Wenn ich nicht bald das Frühstück bekomme, muss ich verhungern, mein Freund.«

»Sofort. Nur noch eine Sekunde. Mäuse, haben Sie gesagt. Das ist doch die Geschichte, wo dieses Weib mit diesem Idioten ins Bett gehen will.«

»Wie bitte?«

»Und das ist so ein dicker Kerl, der Idiot, das heißt, in Wirklichkeit ist er gar nicht so dick, aber sie stopfen ihm lauter Kissen unter die Kleider, damit er dick aussieht, und sein Freund neben ihm ist ganz mager, und der dicke Kerl will immer Mäuse fangen und …«

»Ich kenne den Inhalt meiner Stücke.«

»Natürlich. Jedenfalls muss man auf diesen dicken Idioten immer aufpassen, damit er die Leute nicht verprügelt, aber wie der Sohn vom Boss dann mit dem Weib frech wird, steht er ganz ruhig auf und geht zu ihm hinüber und …«

»Kann ich mit dem Geschäftsführer sprechen?«

»Nicht nötig, Herr Steinberg. Es wird alles sofort da sein. Aber diese Mäuse haben mir wirklich gefallen. Nur der Schluss der Geschichte, entschuldigen Sie, also der hat mich enttäuscht. Da hätte ich von Ihnen wirklich etwas Besseres erwartet. Warum müssen Sie diesen dicken Kerl sterben lassen? Nur weil er ein bisschen schwach im Kopf ist? Deshalb bringt man einen Menschen doch nicht gleich um, das muss ich Ihnen schon sagen.«

»Gut, ich werde das Stück umschreiben. Nur bringen Sie uns jetzt endlich …«

»Wenn Sie wollen, lese ich's mir noch einmal durch und sage Ihnen dann alles, was falsch ist. Das kostet Sie nichts, Herr Steinberg, haben Sie keine Angst. Vielleicht komme ich einmal nach Amerika und besuche Sie. Ich hätte viel mit Ihnen zu reden. Privat, meine ich. Aber das geht jetzt nicht. Ich habe viel zu tun. Wenn Sie wüssten, was ich erlebt habe. Daneben ist ›Alexis Sorbas‹ …«

»Bekomme ich endlich mein weiches Ei oder nicht?«

»Bedaure, am Sabbat servieren wir keine Eier. Aber wenn ich Ihnen einmal meine Lebensgeschichte erzähle, Herr Steinberg, dann können Sie damit ein Vermögen verdienen. Ich könnte sie natürlich auch selbst aufschreiben, jeder sagt mir, ich bin verrückt, dass ich nicht einen Roman schreibe oder eine Oper oder so was Ähnliches. Die denken alle nicht daran, wie müde ich am Abend bin. Hab ich ihnen allen gesagt, sie sollen mich in Ruhe lassen, und ich geb's dem Steinberg. Was sagen Sie dazu?«

»Das Frühstück oder …«

»Zum Beispiel vor zwei Jahren. Im Sommer. Schon mehr gegen Ende des Sommers, als ich mit meiner Frau in den Süden gefahren bin. Plötzlich bleibt das Auto stehen, der Chauffeur steigt aus, hebt die Kühlerhaube, schaut hinein, und wissen Sie, was er gesagt hat?«

»Lassen Sie gefälligst meinen Bart los. Loslassen!«

»Er hat gesagt: ›Der Vergaser ist hin.‹ Stellen Sie sich das vor. Mitten am Weg nach Sodom ist der Vergaser hin. Sie werden vielleicht glauben, ich hab das erfunden. Es ist die reine Wahrheit. Der Vergaser war hin. Die ganze Nacht mussten wir im Wagen sitzen. Und es war eine kalte Nacht, eine sehr kalte Nacht. Sie werden das schon richtig schreiben, Herr Steinberg. Sie werden schon einen Bestseller draus machen. Ich sage Ihnen, es war eine Nacht, in der nicht einmal Alexis Sorbas … He, wohin gehen Sie? Ich bin noch nicht fertig, Herr Steinberg. Ich habe noch eine ganze Menge Geschichten für Sie. Wie lange bleiben Sie noch bei uns?«

»Ich fliege mit dem nächsten Flugzeug.«

»Herr Steinberg! So warten Sie doch, Herr Steinberg! Und zuerst hat er gesagt, dass er einen ganzen Monat bleiben will. Diese Schauspieler sind wirklich launisch …«

Mitbringsel für Vierbeiner

Zwar stehen wir noch immer unter Kuratel der Kellnerschaft, aber immerhin kommen wir endlich zum Kern der Sache, zum Essen selbst. Allerdings wird die folgende Geschichte vom Tierschutzverein nicht empfohlen,

Diese Geschichte wäre wohl niemals geschrieben worden, hätte es in dem vor Kurzem eröffneten Restaurant Martin & Maiglock nicht diese riesenhaften Steaks gegeben, die wie eine gezielte Demonstration gegen die Sparmaßnahmen unseres Ernährungsministers aussahen. Wir, die beste Ehefrau von allen, die drei Kinder und ich, nahmen unser Mittagessen jeden Samstag bei Martin & Maiglock ein, und jeden Samstag stellten sie diese fünf Riesenportionen vor uns hin. Beim ersten Mal glaubte ich noch an einen Irrtum oder an eine Einführungsmaßnahme. Aber es war, wie sich alsbald erwies, keine Einführungsmaßnahme. Es war die Regel, und sie machte besonders den Kindern schwer zu schaffen. Verzweifelt starrten sie auf ihre Teller, die nicht leer werden wollten:

»Mami, ich kann nicht mehr …«

Und es war ja wirklich zum Heulen, auch für die Erwachsenen. Denn die Steaks im Restaurant Martin & Maiglock waren von erlesener Güte, und man wurde ganz einfach trübsinnig bei dem Gedanken, dass man bestenfalls die Hälfte aufessen konnte und die andere Hälfte zurücklassen musste.

Musste man?

»Warum nehmen wir den Rest nicht mit nach Hause?«, flüsterte eines Samstags die beste Ehefrau von allen. »Mehr als genug für ein ausgiebiges Abendessen.«

Sie hatte recht. Es fragte sich nur, wie ihr hervorragender Plan zu verwirklichen wäre. Schließlich kann man nicht mit Händen voller Steaks ein dicht gefülltes Restaurant verlassen. Andererseits erinnerte ich mich mit Schaudern an jene halbe Portion Hamburger, die ich einmal in eine Papierserviette eingewickelt und achtlos in meine hintere Hosentasche gesteckt hatte. Auf dem Heimweg machte ich einen kleinen Einkauf, wollte zahlen, griff nach meiner Geldbörse und … Nein, dergleichen sollte mir nie wieder passieren. Keine Schmuggelversuche. Alles muss streng legal vor sich gehen.

Ich rief Herrn Maiglock an den Tisch:

»Hätten Sie wohl die Freundlichkeit, diese Überbleibsel einzupacken? Für unseren Hund.«

Während ich mich noch über das Raffinement freute, mit dem ich Franzi, unsere rassige Wechselbalg-Hündin, als Alibi benutzt hatte, kam Herr Maiglock aus der Küche zurück. In der Hand trug er einen gewaltigen Plastikbeutel, im Antlitz ein freundliches Lächeln:

»Ich hab noch ein paar Knochen dazugetan«, sagte er.

Es müssen mindestens 15 Pfund Elefantenknochen

gewesen sein, vermehrt um allerlei Leber- und Nieren-
gewächs und was sich sonst noch an Speiseresten in
den Mülltonnen des Restaurants Martin & Maiglock
gefunden hatte.

Wir nahmen den Sack unter lebhaften Dankesbe-
zeugungen entgegen, leerten ihn zu Hause vor Franzi
aus und flüchteten.

Franzi verzehrte den anrüchigen Inhalt mit großem
Appetit. Nur die Steaks ließ sie stehen.

Am folgenden Wochenende, um einiges klüger geworden, änderte ich meine Strategie:

»Herr Maiglock, bitte packen Sie das übriggebliebe-
ne Fleisch für unseren Hund ein. Aber geben Sie bitte
nichts anderes dazu.«

»Warum nichts anderes?«, erkundigte sich Herr
Maiglock. »In unserer Küche wimmelt es nur so von
Leckerbissen für Ihren vierbeinigen Liebling.«

Ich erklärte ihm die Sachlage:

»Unsere Franzi ist ein sehr verwöhntes Tier. Sie will
nur Steaks haben. Nichts als Steaks. Vom Grill.«

An dieser Stelle mischte sich vom Nebentisch her
ein lockiger Gelehrtenkopf ins Gespräch:

»Sie machen einen schweren Fehler, mein Herr. Sie
verpassen dem armen Tier eine denkbar ungeeignete
Nahrung.«

Der Lockenkopf gab sich als Tierarzt zu erkennen
und setzte, meine Proteste nicht beachtend, seinen
Vortrag laut hörbar fort: »Das Abträglichste für das
Verdauungssystem eines Hundes ist gegrilltes oder gebratenes Fleisch. Wahrscheinlich wird Ihr Hund da-

raufhin nicht mehr wachsen. Zu welcher Rasse gehört er?«

»Es ist ein Zwergpudel«, entgegnete ich hämisch. »Und außerdem eine Hündin.«

Damit kehrte ich dem Quälgeist den Rücken und bat Herrn Maiglock, die Steaks, wenn er uns denn unbedingt noch etwas anderes mitgeben wolle, gesondert zu verpacken.

Alsbald brachte Herr Maiglock die sorgfältig in Zeitungspapier eingewickelten Steaks.

»Was soll das?«, fuhr ich ihn an. »Haben Sie keinen Plastikbeutel?«

»Wozu?«, fragte Herr Maiglock.

Ich schwieg. Wie sollte ich diesem Idioten begreiflich machen, dass ich keine Lust auf Steaks hatte, an denen noch die Reste eines Leitartikels klebten. Auf der Heimfahrt schleuderte ich das Zeitungspaket zum Wagenfenster hinaus.

Aber so leicht gab ich nicht auf. Am nächsten Samstag erschienen wir mit unserem eigenen Plastikbeutel, der lockenköpfige Veterinär musste in hilflosem Zorn mit ansehen, wie wir das schädliche Material in hygienisch einwandfreier Verpackung forttrugen.

Es reichte für drei Tage und drei Nächte. Wir hatten Steak zum Abendessen, Steak zum Mittagsmahl, Steak zum Frühstück. Franzi lag daneben, beobachtete uns aufmerksam und verschmähte die ihr zugeworfenen Happen.

»Ephraim«, seufzte die beste Ehefrau von allen, als wir am Samstag wieder bei Martin & Maiglock Platz nahmen, »Ephraim, ich kann kein Steak mehr sehen, geschweige denn essen.«

Sie sprach mir aus der Seele, die Gute, aus der Seele und aus dem Magen.

Auch die Kinder klatschten in die Hände, als wir Schnitzel bestellten. Und wir bestellten sie sicherheitshalber bei Herrn Martin.

Herr Maiglock, der liebenswürdige Tölpel, ließ sich dadurch in keiner Weise beirren. Nachdem wir gegessen hatten, brachte er einen prall mit Steakresten gefüllten Plastiksack angeschleppt.

»Für Franzi«, sagte er.

Von da an beschäftigte uns allsamstäglich das Problem, wie wir die sinnlosen Gaben loswerden sollten. Man kann ja auf die Dauer nicht durch die Stadt fahren und Fleischspuren hinter sich lassen.

Endlich hatte ich den erlösenden Einfall. Kaum saßen wir an unserem Samstagmittagstisch, wandte ich mich mit trauriger Miene und ebensolcher Stimme an Herrn Maiglock:

»Bitte keine Steaks mehr. Franzi ist tot.«

In tiefem Mitgefühl drückte mir Herr Maiglock die Hand.

Am Nebentisch aber erhob sich der Hundefutterfachmann und stieß einen empörten Schrei aus:

»Sehen Sie, ich hatte Sie gewarnt! Jetzt haben Sie das arme Tier umgebracht!«

Rafi, unser Ältester, murmelte etwas von einem Verkehrsunfall, dem Franzi zum Opfer gefallen sei, aber das machte die Sache nicht besser. Die Stimmung war gegen uns. Wir schlangen unsere Mahlzeit hinunter und schlichen mit schamhaft gesenkten Köpfen davon. Auf dem Heimweg fühlten wir uns wie eine Bande von Mördern. Wäre Franzi tot auf der Schwelle unseres Hauses gelegen, es hätte uns nicht überrascht.

Zum Glück empfing sie uns mit fröhlichem Gebell wie immer. Es war alles in bester Ordnung.

Schlimmstenfalls können wir Herrn Maiglock immer noch erzählen, dass wir uns einen neuen Hund gekauft hätten.

Die Brezelfrage

Bei uns wird der Lebensmitteleinkauf sehr subtil angegangen. Da gibt es verschiedene Methoden. Die konservative Methode ist, nicht zu glauben, was der Händler sagt. Die professionelle, das Gegenteil zu glauben. Die extreme Methode, nicht einmal das zu glauben, was man glaubt.

Kurz und gut: Man kann nicht vorsichtig genug sein. Um das zu erläutern, muss ich dem Leser erklären, was ein »Beigel« ist. Er ist nichts anderes als die jüdische Form der Brezel.

In der folgenden Geschichte spielt dieses Gebäck aber nur äußerlich die Hauptrolle. Innerlich geht es um ein gastropsychologisches Problem, das trotz scheinbarer Einfachheit erschreckende seelische Abgründe enthüllt.

Held der Geschichte ist ein Beigelverkäufer, Nachkomme einer jahrhundertealten Beigelverkäuferdynastie. Eigentlich konnte ich in meiner ersten Zeit in Israel dem Beigel keinerlei Vorliebe entgegenbringen. Zum Teil wegen seines faden Geschmacks, zum Teil wegen seines geringen Knirsch-Koeffizienten beim Kauen. Heute reiße ich mich zwar immer noch nicht darum, aber ich toleriere ihn und manchmal esse ich sogar einen.

Dies hatte vor, als ich an einem schönen Frühlingstag unter den Arkaden unseres Pressehauses einen

Beigelverkäufer erblickte. Ich gehe normalerweise gegen Mittag in die Redaktion und bin dann immer knapp am Verhungern, darum freute ich mich über das unerwartete Auftauchen der immerhin nahrhaften Beigel, die in zwei hohen Türmen vor ihm auf einem Klapptisch lagen. Der Verkäufer dahinter schien im Übrigen ein reinlicher Mann zu sein, denn über seinem Schoß lag ein blütenweißes Tuch.

Als ich meinen Beigel bezahlt hatte, deutete er auf den linken Haufen: »Nehmen Sie einen von denen«, sagte er. »Sie sind frisch.«

Spontanes Misstrauen überfiel mich. Kein Zweifel, er bot mir nicht die frischen Beigel an, sondern die ältlichen, auf denen er nicht sitzenbleiben wollte. Mit der Lässigkeit des Weltmanns nahm ich einen Beigel aus dem anderen Haufen und beobachtete den Verkäufer aus den Augenwinkeln. Er war blass geworden und lehnte sich gegen die Mauer. Mein psychologischer Scharfsinn hatte mich einen frischen, knusprigen Beigel erwischen lassen.

Am nächsten Tag schlich ich mich von hinten an den Stand an, trat überraschend vor ihn, sah den Verkäufer scharf an und merkte, wie er sich um Haltung bemühte. Seine Hand zitterte kaum merklich, als er auf den einen der beiden Stapel wies: »Die hier sind frisch. Nehmen Sie von diesen.«

Blitzschnell überlegte ich. Der Mann wollte offenbar seine gestrige Blamage gutmachen und zeigte mir diesmal tatsächlich die frischen Beigel. Ich folgte seiner Empfehlung und konnte in seinem Gesicht eine gewisse Erleichterung feststellen. Abermals hatte meine Logik triumphiert. Der Beigel, den ich diesmal erwischt hatte, erwies sich als ein Muster an Frische. In den folgenden Tagen blieb es bei diesem Arrangement. Ich nahm meinen Beigel aus dem vom Verkäufer empfohlenen Haufen und war jedes mal zufrieden. Das leidige Thema schien ein- für allemal erledigt zu sein. Aber mein untrüglicher Instinkt sagte mir, dass das Schicksal eine Wende vorbereite.

Am Dienstag geschah es.

»Nehmen Sie von diesen hier, sie sind frisch«, kam des Beigelmannes üblicher Rat, und ich hatte schon die Hand ausgestreckt, als ich sie wie unter einem geheimnisvollen Zwang zurückzog. Vielleicht war etwas in seiner Stimme, das mich stutzig gemacht hatte, vielleicht war es eine plötzliche Eingebung, ich weiß es nicht und will es auch nicht wissen. Jedenfalls wurde mir blitzartig klar: Mein Gegner nahm an, dass er sich in den letzten Tagen durch vorgetäuschte Ehrlichkeit in mein Vertrauen geschlichen habe, um jetzt endlich sein altes Zeug an mich loszuwerden. Da sollte er sich aber geirrt haben. Ohne zu zögern, holte ich mir den Beigel aus dem anderen Haufen.

Mein dämonischer Instinkt blieb auch diesmal nicht ohne Wirkung. Der Verkäufer verhüllte sein schamrotes Gesicht mit dem blütenweißen Tuch. Ich biss in meinen Beigel. Er war frisch und knusprig.

Als ich am nächsten Tag wieder vor der Qual der Wahl stand, wusste ich im ersten Augenblick nicht, was ich tun sollte. Dann ordneten sich meine Gedanken: Der listenreiche Orientale vermutete, ich würde jetzt bei ihm Schuldgefühle wegen seiner jüngsten Fehlspekulation voraussetzen, und er könnte mir jetzt umso leichter seine ungenießbaren Beigel andrehen. Also griff ich mit demonstrativer, ja provokanter Lässigkeit nach dem nicht empfohlenen Haufen. Schon als ich das Gebäck in die Hand nahm, fühlte ich die knusprige Beigelfrische.

Wilder Hass flammte aus den Augen des Verkäufers. Seine Brust hob und senkte sich vor Erregung, fast sah es so aus, als wolle er sich auf mich stürzen. In diesem Augenblick näherte sich einer meiner Redaktionskollegen und tappte, bevor ich ihn warnen konnte, blindlings in die Beigelfalle. Er folgte dem Tipp des Verkäufers.

Kauend machten wir uns auf den Weg.

Nach einigen Schritten konnte ich mich nicht länger beherrschen. Ich brach von seinem Beigel – dem Beigel aus dem falschen Haufen – ein Stückchen ab und steckte es in den Mund.

Das Blut schoss mir in den Kopf, der Boden wankte unter meinen Füßen, von den olympischen Höhen geistiger Überlegenheit stürzte ich in einen Abgrund der Schande.

Auch der Beigel meines Kollegen war frisch und knusprig. Alle Beigel, die der Verkäufer feilbot, waren frisch und knusprig. Sie waren immer frisch und knusprig. Alle. Das Leben geht weiter. Meine Freunde merken mir nichts an. Aber in dieser Schicksalsstunde ist tief in mir etwas zusammengebrochen.

Wider den tierischen Diätwahn

Ich habe vor, eine neue Form des Streiks zu erfinden.

Einen Essstreik.

Genauer gesagt, ich werde mich vor den Augen des Gesundheitsamtes mit Leckerbissen aller Art vollstopfen. Ich werde ungarische Salami und böhmische Leberwurst zu mir nehmen. Beefsteak und kalorienreichen Gänsebraten, Cremeschnitten, Apfelstrudel und Bienenstich. So lange, bis die Leute im Regierungsgebäude vor Neid zerplatzen und zugeben, dass Kalorien gesund sind und Fett wunderbar. Dann und nur dann werde ich das Essen einstellen.

Sollte irgendeiner meiner Leser sich ebenso frustriert fühlen, ist er herzlichst eingeladen, möglichst mit Kalbsmedaillons in zartpikanter Sauce und Preiselbeeren ausgerüstet, an meinem Essstreik teilzunehmen.

Wie hat doch Karl Marx so schön gesagt: »Wir haben nichts zu verlieren – außer unseren Appetit.«

Und das ist, meine Damen und Herren, die Botschaft dieses Buches.

Satiren zur täglichen Katastrophe
Kishon für alle Lebenslagen – denn was wir wirklich
brauchen, in guten wie in schlechten Zeiten, ist das
Lachen.
176 Seiten, ISBN 978-3-7844-3198-7; CD ISBN 978-3-7844-4247-1

Die liebe Verwandtschaft
Der Verwandtschaft kann man nicht entkommen.
Doch der »Weltmeister des Humors« findet in jeder
noch so absurden Situation den Moment, in dem
ein befreiendes Lachen alles wieder ins Lot bringt.
160 Seiten, ISBN 978-3-7844-3230-4; CD ISBN 978-3-7844-4248-8

Die netten Nachbarn
Nachbarn sind eine ganz besondere Spezies, und
Familie Kishon erlebt Abenteuerliches mit ihnen …
160 Seiten, ISBN 978-3-7844-3259-5; CD ISBN 978-3-7844-4249-5

Die süßen Kleinen
Ein wunderbarer, witziger Trost für alle von Schlaf-
losigkeit und Erziehungswahn geplagten Eltern.
176 Seiten, ISBN 978-3-7844-3271-7; CD ISBN 978-3-7844-4250-1

Die allerbesten Freunde
Freunde zu haben, ist unbezahlbar – das beweisen
diese Satiren aufs Trefflichste.
160 Seiten, ISBN 978-3-7844-3304-2

Bücher von Ephraim Kishon
bei Langen*Müller*